作業5分で 不思議パン

青木ゆかり（♪♪maron♪♪）

はじめに

　本書のタイトルにもなっている「不思議パン」は、わたしの人生を変えた、と言っても過言ではないレシピです。もともとパン作りが好きで、独身の頃からよく焼いていたのですが、結婚してからはさらに夢中になり毎日のように朝から晩までパンを焼いていました。ところが、そんな大好きなパン作りも、子どもができてからは思うようにできなくなってしまいました。なぜなら、パンを作るには通常2時間程度かかります。小さな子どもにこそ安心なものを手作りしたいけど、忙しい育児中に2時間もかけてパンを焼く暇も心の余裕もないのも事実です。

　そんなとき「パンを時短で作れたらいいのに」と思ったんです。「手間を省いたら、最短どれくらいの時間で作れるのだろう？」と試行錯誤を繰り返したところ、2時間かけて作るパンと変わらないくらいおいしいパンが、30分程度で焼き上げられるレシピ「不思議パン」が完成しました。このレシピなら隙間時間にパンを焼くことができます。

　料理レシピサービス「クックパッド」に投稿したり、ママ友たちに紹介したりしているうちに不思議パンは評判になり、たくさんの方々に喜んでもらうことができました。ただ、このときのレシピはまだ「こねる不思議パン」のみ。時短の生地ではありますが、生地を台に出してこね、成形する必要があります。だから、「こねるのが難しそう」という声もいただきました。

　そこで、もっともっとパン作りのハードルを下げるべく、「こねない不思議パン」を開発！　実質の作業時間は、わずか5分。道具は耐熱容器とスプーンだけ。「パン作りはハードルが高い」と感じている方、「パン作りは好きだけどとにかく時間と手間を省きたい！」という方にぜひおすすめしたいレシピです。

　この「こねない不思議パン」からスタートしてパン作りに慣れたら、「こねる不思議パン」にステップアップしてお好みのパンをたくさん焼いてみてください。不思議パンを楽しみ尽くした頃には、本格的なパンもきっと難なく焼けるようになっているはずです。そんなふうに本書を活用し、パン作りを楽しんでいただけたら幸いです。

青木ゆかり（♪♪maron♪♪）

不思議パンについて

「パン作り」と聞いて「時間がかかる」「工程が多い」「難しい」「失敗しそう」と感じているとしたら、それは「発酵」という工程があるからかもしれません。

レシピにもよりますが通常は、「一次発酵（30分〜1時間）→ベンチタイム（10分）→成形→二次発酵（30分以上）」というステップを踏んで、ようやく焼成に入ります。

しかし不思議パンは、パン作りがはじめての方でもパンを簡単に作ることができるように工程を短縮しています。効率よくパンが発酵するように8年間試作改良を重ねてきました。通常の手作りパンより、ややもっちりした食感に仕上がりますが、焼きたては2時間かけて作るパンと遜色のないおいしさを楽しめます。

また本書では、こねないタイプ（PART.1）でパン生地に慣れて、こねるタイプ（PART.2）で成形ができるようになります。こねないタイプは、工程をより簡略化して、より簡単に、より失敗しづらいレシピになっています。はじめてパンを焼く方は、ぜひこねないタイプからパン作りをスタートしてください。

不思議パンの秘密（魅力）

食事を作りながら
同時にパンを
焼くことも
できる

簡単なので親子で
パン作りを楽しめる
（食育・知育にも
なる）

不思議パンの
作り方に慣れたら
2時間かかるパンも
簡単に焼けるように
なっている

PART.1
こねないタイプの工程

材料を耐熱容器に入れる

電子レンジ20〜30秒

材料を加えて混ぜる

電子レンジ20秒

そのまま生地を耐熱容器に広げる

10分置く

オーブンで焼く

PART.2
こねるタイプの工程

材料を耐熱ボウルに入れる

電子レンジ20〜30秒

材料を加えて混ぜる

生地を台に出してこねる

電子レンジ20秒

成形する

10分置く

オーブンで焼く

こねない！
パンを焼く前に知っておきたい **10** ヵ条

1 必ずレシピ通りの材料で作ってください（小麦粉を米粉でアレンジしたりするとうまく焼き上がりません）。

2 季節によって発酵速度が変わってくるので、時間があれば暖かい場所でひとまわり大きくなるまで発酵させてください。生地を少し置いておくだけで、ふんわりした仕上がりになります。

3 耐熱容器により熱伝導率が異なるので、レシピ通りに焼いてみて中が生焼けになるようなら生地を天板に出して焼いていただくのがおすすめです。

4 焼き時間や温度はあくまでも目安です。オーブンにより仕上がりが変わってくるので焼き色が薄かったり焼き不足と感じたりする場合は、温度を上げるか焼き時間を延ばしてください。逆に焼き色がつきすぎたり焼きすぎだと感じたりする場合は、温度を下げるか焼き途中でパンの上にアルミホイルをかぶせてください。

5 焼きたてパンのおいしさを楽しんでいただくためのレシピなので、焼きたてでもほんのり甘さを感じられるよう少し甘めの仕上がりにしています。時間を置いてから食べる場合や砂糖を控えたい場合は、少量なら減らしていただいてもかまいませんが、減らしすぎると発酵に影響が出るのでご注意ください。

6 すぐに食べない場合は、パンを焼いた後に粗熱が取れたら必ずラップをかけてください。

7 耐熱容器から取り出すときは、細いヘラを使うと取り出しやすいです。

8 耐熱容器についた生地はお湯でふやかしてから洗うときれいに取れます。

9 耐熱容器に生地がこびりつくのが気になる場合は、発酵前にクッキングシートを敷いておくとよいでしょう。

10 こねないパンは、こねずにふっくらもっちりした食感を楽しんでいただくため、パン生地の水分を多めにしています（水分が多い＝成形するのが難しいです）。パン作りに慣れていないうちは、耐熱容器に生地を広げて焼いてお楽しみいただき、パン作りに慣れてきたら成形を楽しんでいただけると幸いです。

材料について

本書のパン生地作りで使用している基本の材料を紹介します。メーカーや商品などに
特にこだわりはありません。お近くのスーパーなどで手に入りやすいものをご使用ください。

小麦粉

強力粉が基本ですが、薄
力粉のみで作れるレシピ
も用意しました。また、
強力粉に薄力粉をブレン
ドするレシピもあります。

強力粉　　　　薄力粉

砂糖・塩

砂糖は基本、上白糖を使用。
レシピによってはトッピン
グ等でグラニュー糖や粉糖
も使用しています。塩は食
塩が基本ですが、レシピに
よってはトッピングに岩塩
を使用しています。

インスタントドライイースト

インスタントドライイーストは、
予備発酵不要で粉に直接混ぜて使
えるので便利です。開封後は密閉
容器に入れて冷蔵または冷凍保存
しましょう（冷凍すると長持ちする
のでおすすめです）。

水・牛乳

水もパン作りに必須です。水は水道水で
かまいません。風味豊かに仕上げるレシ
ピには、牛乳を使用しています。また本
書では、計量の際に耐熱容器1つで作業
できるように計量カップではなく、デジ
タルスケールを使用しています。

油

パン生地には基本はバターが使われますが、本書で
は手軽なサラダ油やオリーブ油を使うレシピも用意
しました。また、バターは特に記載のない場合は、
気軽に作っていただけるように有塩バターを使用し
ています（有塩バターのほうが入手しやすいですが、
もしバターの塩分が気になる場合は無塩バターを使
用してください）。マーガリンで代用も可能です。

バター

オリーブ油　　　サラダ油

アレンジ材料

基本のパン生地のアレンジとし
て、米粉や全粒粉などをブレン
ドしたレシピも用意しました。

米粉

全粒粉

道具について

本書のパン作りで使う基本の道具を紹介します。普段の料理に使っているもので代用可能なものばかりですが、デジタルスケールは必須です。

耐熱容器

生地作りから焼成まで同じ容器を使うのが、「PART.1 こねない不思議パン」のレシピの魅力の1つです。ぜひ、電子レンジ、オーブンともにOKの耐熱容器を使ってください。本書で使用しているのは「ストウブ」の16×20×高さ5cmのセラミック製の器です。セラミック加工された耐熱ガラスの「セラベイク」という商品は、パン生地が容器からするっと外れて便利と、SNSのフォロワーさんに教えていただきました。

スプーン

生地を混ぜるのに使います。大きめのほうが混ぜやすいです。

デジタルスケール

材料の計量に使います。水や牛乳などの水分も計量カップではなく、デジタルスケールで量ると正確かつ作業の流れもスムーズです。

PART.2・PART.3で使う道具

PART.2・PART.3では、生地をこねて成形する工程が加わります。PART.1のように耐熱容器に入れたまま焼くことはないので、容器は電子レンジ可のボウルや丼鉢などでOKです。カードは、スケッパーやドレッジ、スクレーパーとも呼ばれ、生地を分割したり集めたりするのに、あると便利です。刷毛は、焼く前につや出し用の卵をぬるときなどに使いますが、なくてもかまいません。カードも刷毛も100円ショップなどで購入できます。

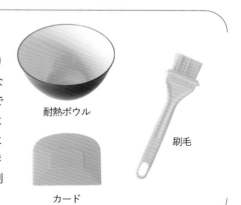

耐熱ボウル

刷毛

カード

レシピについて

- バターは記載がない場合、有塩バターを使用しています。
- 水や牛乳の計量には、計量カップではなくデジタルスケールを使用しています。
- 電子レンジの出力は600Wを使用しています。500Wの場合は1.2倍、700Wの場合は0.8倍を目安に加減してください。
- オーブンは焼く前に必ず予熱をしてください。
- オーブンは電気オーブンを使用しています。レシピに記載した焼き時間や温度はあくまでも目安です。オーブンにより仕上がりが変わるため、焼き色が薄かったり焼き不足と感じたりする場合は、温度を上げるか焼き時間を延ばしてください。逆に焼き色がつきすぎたり焼きすぎだと感じたりする場合は、温度を下げるか焼き途中でパンの上にアルミホイルをかぶせてください。
- オーブンから取り出すときは耐熱ミトンを使い、火傷に注意してください。
- はちみつは乳児ボツリヌス症にかかる恐れがありますので、1歳未満の乳児には与えないでください。

11 PART.1 こねない！不思議パン

9

本書の見方

構成について

- PART.1は「こねない！」パン、PART.2は「こねる」パンを紹介しています。まずはPART.1のレシピでパン作りに慣れていただくことをおすすめします。
- PART.1と2のそれぞれに、「基本のパン」→「基本のパンの解説」→「バリエーション」を用意しました。最初は「基本のパンの解説」を読みながら、基本のパンをレシピの工程通りに作ってください。バリエーションのパンを焼く際にも、「基本のパンの解説」で作業のポイントやコツを参考にして作ってください。
- PART.3の「いろいろレシピ」は、PART.2の応用編になります。作業のポイントやコツは、PART.2の「基本のパンの解説」を参考にして作ってください。

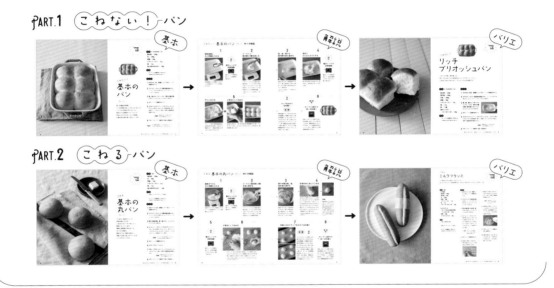

アイコンについて

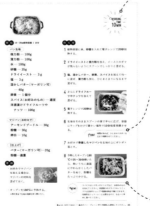

作業時間
生地を置く（発酵）時間と焼成時間を除いた、実際の作業にかかる時間の目安を記載しています。

POINT
コツやポイントのある工程には、作業をスムーズにするアイデアなどを記載しています。

MEMO
おいしくいただくための豆知識などを紹介しています。

PART.1

こねない！不思議パン

耐熱容器とスプーンで
パンを作ってみましょう♪
自分でパンが作れるようになると
何が入っているかわかるし、
無添加で作ることもできます。
焼きたてパンのおいしさは格別ですよ。

WORKING TIME **5 MIN**

材料 16×20cm耐熱容器 1 台分

強力粉 … 250g

水 … 180g

砂糖 … 20g

ドライイースト … 4 g

塩 … 4 g

油（お好みのもの）… 20g

準備

・オーブンを**180℃**に予熱する。

　＊**作り方5**で生地の発酵を待つ間に行う。

作り方

1 耐熱容器に**水、砂糖**を入れて電子レンジで**30秒**加熱する。

2 **ドライイーストと1/2量の強力粉**を加え、イーストのダマが残らないようにスプーンでしっかりと混ぜる。

3 **塩、油**を加えて均一に混ぜ、**残りの強力粉**も加えてひとまとまりになるまで混ぜる。

4 電子レンジで**20秒**加熱する。

5 生地をそのままスプーンの背で平らに広げる、または6等分に丸めてから耐熱容器に戻す。容器にラップをかけて暖かい場所で**10分**程度発酵させる。

> **POINT** 時間があれば、ひとまわり大きくなるまで発酵させてください。

6 予熱したオーブン**180℃**で**20〜25分**焼く。

> **MEMO** 卵・乳製品不使用のパンレシピが知りたいというリクエストがあったので、レシピ化しました。

こねない！

基本のパン

プレーン

卵・乳製品不使用！
パンを手軽に楽しんでもらえるように
シンプルな配合で作りました。
焼きたては表面がパリッとして、
中はふんわりもちっとした食感。
小麦本来の味を楽しめるパンです。

▶p.14-15の「こねない！ 基本のパン・プレーン 作り方解説」も参照してください。

こねない！ 基本のパン （プレーン） 作り方解説

1

耐熱容器に水と砂糖を入れる

30 SEC

電子レンジで30秒加熱

電子レンジで30秒加熱して、人肌程度に温めます。

耐熱容器に水と砂糖を入れます。この砂糖水がイーストの栄養になります。

2

イーストと強力粉1/2量を加える

ドライイーストと1/2量の強力粉を加え、イーストのダマが残らないようにスプーンでよく混ぜます。イーストをしっかり混ぜ溶かすことで発酵を促進。

＊混ぜ足りないとイースト臭が残ることがあります。

5

平らに広げる

スプーンの背で耐熱容器全体に生地を広げればOK。丸めるより簡単なので、最初は容器に広げるほうをおすすめします。

6等分にして丸める

 **OR**

生地を6等分し、手に打ち粉（強力粉適量を手に薄くつける）をしてから、上から下へなでるようにして丸めます。耐熱容器に戻します。

3

塩・油・残りの
強力粉を加え混ぜる

全体にぽこぽこと気泡が出てきたら、塩、油を加えて均一に混ぜ、さらに残りの強力粉も加えてよく混ぜます。

＊ぽこぽこした気泡はイーストが発酵し始めたサインです。

4

混ぜて
ひとまとまりにする

粉っぽさがなくなるまでよく混ぜます。全体がまとまってきたらOK。

20
SEC

電子レンジで
20秒加熱

電子レンジで20秒加熱して、生地が発酵しやすくなるように軽く温めます。

10
MIN

ラップをかけて
10分置く

（発酵）

耐熱容器にラップをかけたら10分程度置いて発酵させます。室内が乾燥しているときは、ラップの上にかたく絞ったぬれふきんをかけるとよいでしょう。また、寒い時期は日の当たる暖かい場所に置くか、オーブンの発酵機能を使ってもよいでしょう（40℃・10〜20分）。

6

20~25
MIN

オーブン180℃で
20〜25分焼く

予熱したオーブン180℃で20〜25分加熱します。すぐに食べないときは、粗熱が取れたらラップで包み、パンの乾燥を防ぎましょう。また、冷凍すると2週間程度保存できます。

米粉入り白パン風

米粉入りでふわ＆もちっとした食感がやみつきになる、こねない白パン。
生地のほんのりやさしい甘さがクセになります。

WORKING TIME 5 MIN

材料 16×20cm耐熱容器 1台分

強力粉 … 150g

米粉 … 100g

水 … 170g

砂糖 … 20g

ドライイースト … 4g

塩 … 3g

溶かしバター
　（マーガリン可）… 20g

準備

・オーブンを150℃に予熱する。
＊作り方5で生地の発酵を待つ間に行う。

作り方

1 耐熱容器に**水、砂糖**を入れて電子レンジで**30秒**加熱する。

2 **ドライイーストと強力粉**を加え、イーストのダマが残らないようにスプーンでしっかりと混ぜる。

3 **塩、溶かしバター**を加えて均一に混ぜ、**米粉**も加えてひとまとまりになるまで混ぜる。

4 電子レンジで**20秒**加熱する。

5 生地をそのままスプーンの背で平らに広げる、または6等分に丸めてから耐熱容器に戻す。容器にラップをかけて暖かい場所で**10分**程度発酵させる。

> **POINT** 時間があれば、ひとまわり大きくなるまで発酵させてください。

6 生地の表面にキッチンばさみで斜めに切り込みを入れ、茶こしで**分量外の米粉**をふりかけ、予熱したオーブン**150℃で25〜30分**焼く。

オートミールパン

オートミール入りで食物繊維もしっかりとれる、噛めば噛むほど
甘みを感じられる腹持ちのよいパンです。オートミールの食感も◎。

WORKING
TIME
5MIN

材料 16×20cm耐熱容器 1 台分

強力粉 … 200g

牛乳 … 100g

水 … 100g

砂糖 … 20g

ドライイースト … 4 g

塩 … 4 g

油（お好みのもの）… 20g

オートミール
（クイックタイプ）… 50g

準備

・オーブンを180℃に予熱する。

＊作り方5で生地の発酵を待つ間に行う。

作 り 方

1 耐熱容器に**牛乳、水、砂糖**を入れて電子レンジで**30秒**加熱する。

2 **ドライイースト**と**強力粉150g**を加え、イーストのダマが残らないようにスプーンでしっかりと混ぜる。

3 **塩、油、オートミール**を加えて均一に混ぜ、**残りの強力粉**も加えてひとまとまりになるまで混ぜる。

4 電子レンジで**20秒**加熱する。

5 生地をそのままスプーンの背で平らに広げる、または 6 等分に丸めてから耐熱容器に戻す。容器にラップをかけて暖かい場所で**10分**程度発酵させる。

POINT 時間があれば、ひとまわり大きくなるまで発酵させてください。

6 予熱したオーブン**180℃で20～25分**焼く。

▶p.14-15の「こねない！ 基本のパン・プレーン 作り方解説」も参照してください。 17

こねない！

リッチ ブリオッシュパン

バターと牛乳・卵を使った
甘くてふんわりした生地がおいしいブリオッシュパン。
こねないのにやわらかく、すっととろける食感です。

材料 16×20cm耐熱容器 1 台分

強力粉 … 150g

薄力粉 … 100g

牛乳 … 100g

砂糖 … 40g

ドライイースト … 4 g

塩 … 3 g

卵 … 1 個

溶かしバター
（マーガリン可）… 50g

準備

・オーブンを180℃に予熱する。

＊作り方5で生地の発酵を待つ間に行う。

作り方

1 耐熱容器に**牛乳**、**砂糖**を入れて電子レンジで**20秒**加熱する。

2 **ドライイースト**と**強力粉100g**を加え、イーストのダマが残らないようにスプーンでしっかりと混ぜる。

3 **塩、卵、溶かしバター**を加えて均一に混ぜ、**残りの強力粉と薄力粉**も加えてひとまとまりになるまで混ぜる。

4 電子レンジで**20秒**加熱する。

5 生地をそのままスプーンの背で平らに広げる、または６等分に丸めてから耐熱容器に戻す。容器にラップをかけて暖かい場所で**10分**程度発酵させる。

POINT 時間があれば、ひとまわり大きくなるまで発酵させてください。

6 予熱したオーブン**180℃**で**20～25分**焼く。

▶p.14-15の「こねない！ 基本のパン・プレーン 作り方解説」も参照してください。 19

こねない！

パンプキンパン

かぼちゃがたっぷり入ったヘルシーなふっくらもっちりパン。
子どもが好きなやさしい甘さなので、ハロウィンにもぜひ！

材料 16×20cm耐熱容器 1 台分

強力粉 … 250g
かぼちゃ … 150g（正味）
牛乳 … 160g
砂糖 … 40g
ドライイースト … 4 g
塩 … 4 g
溶かしバター（お好みの油で
も可） … 35g

準備

・**かぼちゃ**は適宜カットし電
子レンジで 3 〜 4 分加熱して
やわらかくし、皮を取り除い
て150g用意する。皮は飾り用
に適量取り置く。

・オーブンを**180℃**に予熱する。
***作り方 5** で生地の発酵を待つ間に行う。

作り方

1 耐熱容器に**牛乳、砂糖**を入れて電子レンジで**30秒**加熱する。

2 **ドライイースト**と1/2量の**強力粉**を加え、イーストのダマ
が残らないようにスプーンでしっかりと混ぜる。

3 準備した**かぼちゃ、塩、溶かしバター**を加えて均一に混
ぜ、**残りの強力粉**も加えてひとまとまりになるまで混ぜる。

POINT かぼちゃの水分が多く生地がまとまらない
場合は、強力粉を少し追加してください。

4 電子レンジで**20秒**加熱する。

5 生地をそのままスプーンの背で平らに広げる、または 6 等分
に丸めてから耐熱容器に戻す。容器にラップをかけて暖かい
場所で**10分**程度発酵させる。

POINT 時間があれば、ひとまわり大きく
なるまで発酵させてください。

6 お好みで生地の表面にキッチンばさみで米状に切り込みを入
れたり、**かぼちゃの皮**を飾る。予熱したオーブン**180℃**で
20〜25分焼く。

▶p.14-15の「こねない！基本のパン・プレーン 作り方解説」も参照してください。

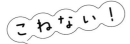

こねない！

ノンオイル
お豆腐パン

お豆腐をたっぷり練り込んだノンオイルのヘルシーなパン。
外はパリッ、中はもっちりとした食感が楽しめます。

材料 16×20cm耐熱容器 1 台分

強力粉 … 250g
絹ごし豆腐 … 100g
水 … 100g
砂糖 … 20g
ドライイースト … 4g
塩 … 4g

準備

・オーブンを**180℃**に予熱する。
 ＊**作り方5**で生地の発酵を待つ間に行う。

作り方

1 耐熱容器に**水**、**砂糖**を入れて電子レンジで**20秒**加熱する。

2 **ドライイースト**と**強力粉100g**を加え、イーストのダマが
 残らないようにスプーンでしっかりと混ぜる。

3 **塩**、**豆腐**を加えて均一に混ぜ、**残りの強力粉**も加えてひと
 まとまりになるまで混ぜる。

4 電子レンジで**20秒**加熱する。

5 生地をそのままスプーンの背で平らに広げる、または6等分
 に丸めてから耐熱容器に戻す。容器にラップをかけて暖かい
 場所で**10分**程度発酵させる。

POINT 時間があれば、ひとまわり大きく
 なるまで発酵させてください。

6 予熱したオーブン**180℃**で**20〜25分**焼く。

▶p.14-15の「こねない！基本のパン・プレーン 作り方解説」も参照してください。

WORKING
TIME
5 MIN

こねない！

チョコレートパン

砕いたチョコレートの食感とココア香るふわっとした生地が、
チョコレート好きにはたまらないおいしさ。
子どもも大好きなパンです。

材 料 16×20cm耐熱容器 1 台分

強力粉 … 140g

薄力粉 … 100g

水 … 100g

牛乳 … 80g

砂糖 … 40g

ドライイースト … 4 g

ココアパウダー … 10g

塩 … 3 g

溶かしバター（マーガリン可）
… 25g

チョコレート … 50g

準 備

・オーブンを180℃に予熱する。

＊作り方6で生地の発酵を待つ間に行う。

作 り 方

1 耐熱容器に**水、牛乳、砂糖**を入れて電子レンジで**30秒**加熱する。

2 **ドライイースト**と**強力粉**を加え、イーストのダマが残らないようにスプーンでしっかりと混ぜる。

3 **ココアパウダー、塩、溶かしバター**を加えて均一に混ぜ、**薄力粉**も加え、ひとまとまりになるまで混ぜる。

4 電子レンジで**20秒**加熱する。

5 **チョコレート**を大きめに砕き、生地に混ぜ込む。

6 生地をそのままスプーンの背で平らに広げる、または 6 等分に丸めてから耐熱容器に戻す。容器にラップをかけて暖かい場所で**10分**程度発酵させる。

POINT 時間があれば、ひとまわり大きくなるまで発酵させてください。

7 予熱したオーブン**180℃**で**20～25分**焼く。

▶p.14-15の「こねない！ 基本のパン・プレーン 作り方解説」も参照してください。 **25**

WORKING TIME 5MIN

こねない！

クッキー＆クリームパン

流行りのモノクロカラーがかわいいクッキー＆クリームパン。
ふわもちっとしたパンとクッキーのしっとりさくっとした食感が◎。

材料 16×20cm耐熱容器 1 台分

強力粉 … 150g
薄力粉 … 100g
水 … 100g
牛乳 … 80g
砂糖 … 35g
ドライイースト … 4g
塩 … 3g
溶かしバター（マーガリン可）
　　… 25g
クリームサンドクッキー
　　… 50g

準備

・オーブンを180℃に予熱する。
*作り方6で生地の発酵を待つ間に行う。

作り方

1 耐熱容器に**水、牛乳、砂糖**を入れて電子レンジで**30秒**加熱する。

2 **ドライイースト**と**強力粉**を加え、イーストのダマが残らないようにスプーンでしっかりと混ぜる。

3 **塩、溶かしバター**を加えて均一に混ぜ、**薄力粉**も加え、ひとまとまりになるまで混ぜる。

4 電子レンジで**20秒**加熱する。

5 **クッキー**を砕き、生地に混ぜ込む。

6 生地をそのままスプーンの背で平らに広げる、または6等分に丸めてから耐熱容器に戻す。容器にラップをかけて暖かい場所で**10分**程度発酵させる。

POINT 時間があれば、ひとまわり大きくなるまで発酵させてください。

7 予熱したオーブン**180℃**で**20〜25分**焼く。

▶p.14-15の「こねない！ 基本のパン・プレーン 作り方解説」も参照してください。

セサミパン

ごまのプチプチ感とやさしい風味が口いっぱいに広がるシンプルなパンです。

WORKING
TIME
5 MIN

材 料 16×20cm耐熱容器 1 台分

強力粉 … 250g

水 … 170g

砂糖 … 15g

ドライイースト … 4 g

塩 … 4 g

油（お好みのもの）… 20g

いり黒ごま … 大さじ 2

準 備

・オーブンを180℃に予熱する。
　＊作り方 5 で生地の発酵を待つ間に行う。

作 り 方

1 耐熱容器に**水**、**砂糖**を入れて電子レンジで**30秒**加熱する。

2 **ドライイースト**と**1/2量の強力粉**を加え、イーストのダマが残らないようにスプーンで混ぜる。

3 **塩**、**油**、**黒ごま**を加えて均一に混ぜ、**残りの強力粉**も加えてひとまとまりになるまで混ぜる。

4 電子レンジで**20秒**加熱する。

5 生地をそのままスプーンの背で平らに広げる、または 6 等分に丸めてから耐熱容器に戻す。容器にラップをかけて暖かい場所で**10分**程度発酵させる。

POINT 時間があれば、ひとまわり大きくなるまで発酵させてください。

6 予熱したオーブン180℃で**20〜25分**焼く。

紅茶パン

ほんのり甘くて紅茶がふわっと香る、ちょっと大人な味わいのパンです。

WORKING TIME **5MIN**

材料 16×20cm耐熱容器 1 台分

強力粉 … 250g

水 … 100g

牛乳 … 80g

砂糖 … 30g

ドライイースト … 4g

塩 … 3g

溶かしバター（マーガリン可）… 20g

ティーバッグの紅茶の葉 … 1袋

準備

・オーブンを180℃に予熱する。

＊作り方5で生地の発酵を待つ間に行う。

作り方

1 耐熱容器に**水、牛乳、砂糖**を入れて電子レンジで**30秒**加熱する。

2 **ドライイーストと1/2量の強力粉**を加え、イーストのダマが残らないようにスプーンでしっかりと混ぜる。

3 **塩、溶かしバター、紅茶の葉**を加えて均一に混ぜ、**残りの強力粉**も加えてひとまとまりになるまで混ぜる。

4 電子レンジで**20秒**加熱する。

5 生地をそのままスプーンの背で平らに広げる、または6等分に丸めてから耐熱容器に戻す。容器にラップをかけて暖かい場所で**10分**程度発酵させる。

POINT 時間があれば、ひとまわり大きくなるまで発酵させてください。

6 予熱したオーブン**180℃**で**20〜25分**焼く。

▶p.14-15の「こねない！ 基本のパン・プレーン 作り方解説」も参照してください。 29

レーズンシュガートップ

外はシュガーバターでカリカリ、中はふわもち。
生地の中にはふっくらレーズンがたっぷりでリッチな味わいです。

材料 16×20cm耐熱容器 1 台分

パン生地

強力粉 … 250g

水 … 170g

砂糖 … 20g

ドライイースト … 4g

塩 … 3g

溶かしバター（マーガリン可）
　　　… 20g

レーズン … 50g

トッピング

溶かしバター（マーガリン可）
　　　… 20g

砂糖 … 20g

準備

・レーズンは**湯**でさっと洗い流し、湯に15分浸けて戻したらキッチンペーパーで水気をきっておく。

・オーブンを**180℃**に予熱する。
　*作り方5で生地の発酵を待つ間に行う。

作り方

1　耐熱容器に**水**、**砂糖**を入れて電子レンジで**30秒**加熱する。

2　**ドライイースト**と**1/2量の強力粉**を加え、イーストのダマが残らないようにスプーンでしっかりと混ぜる。

3　**塩、溶かしバター、準備したレーズン**を加えて均一に混ぜ、**残りの強力粉**も加えてひとまとまりになるまで混ぜる。

4　電子レンジで**20秒**加熱する。

5　生地をそのままスプーンの背で平らに広げる、または6等分に丸めてから耐熱容器に戻す。容器にラップをかけて暖かい場所で**10分**程度発酵させる。

POINT 時間があれば、ひとまわり大きくなるまで発酵させてください。

6　生地の表面にキッチンばさみで斜め方向に十字に切り込みを入れ、混ぜ合わせた**トッピング用の溶かしバターと砂糖**を切り込みに流し入れ、予熱したオーブン**180℃**で**20〜25分**焼く。

POINT
生地を平らに広げる場合は、切り込みを入れずそのままトッピングをかけ焼いても。

▶p.14-15の「こねない！ 基本のパン・プレーン 作り方解説」も参照してください。　31

こねない！

キャラメルナッツパン

ふわっとしたパン生地の中からとろーりキャラメルがあふれ出す！
アーモンドスライスのパリパリ食感も◎。

材料 16×20cm耐熱容器 1 台分

パン生地

強力粉 … 100g

薄力粉 … 100g

水 … 50g

牛乳 … 80g

砂糖 … 25g

ドライイースト … 3g

塩 … 3g

溶かしバター（マーガリン可）
… 20g

トッピング

ミルクキャラメル（市販）
… 12粒

アーモンドスライス … 20g

準備

・オーブンを180℃に予熱する。
 ＊作り方5で生地の発酵を待つ間に行う。

作り方

1 耐熱容器に**水、牛乳、砂糖**を入れて電子レンジで**30秒**加熱する。

2 **ドライイースト**と**強力粉**を加え、イーストのダマが残らないようにスプーンでしっかり混ぜる。

3 **塩、溶かしバター**を加えて均一に混ぜ、**薄力粉**も加え、ひとまとまりになるまで混ぜる。

4 電子レンジで**20秒**加熱する。

5 生地をそのままスプーンの背で平らに広げる、または6等分に丸めてから耐熱容器に戻す。容器にラップをかけて暖かい場所で**10分**程度発酵させる。

POINT 時間があれば、ひとまわり大きくなるまで発酵させてください。

6 生地の表面にキッチンばさみで十字に切り込みを入れたら**キャラメル**を2粒ずつ入れ、**アーモンドスライス**を散らし、予熱したオーブン**180℃で15〜20分**焼く。

POINT 生地を平らに広げる場合は、切り込みを入れずキャラメルをのせるだけでも。

▶p.14-15の「こねない！ 基本のパン・プレーン 作り方解説」も参照してください。 33

こねない！

チーズフォカッチャ

比較的作りやすくて人気のフォカッチャも不思議パンならさらに簡単、時短。
混ぜて焼くだけでカリッふわのフォカッチャのでき上がり！

材料 16×20cm耐熱容器 1 台分

パン生地
強力粉 … 200g
水 … 150g
砂糖 … 20g
ドライイースト … 3g
塩 … 3g
オリーブ油（お好みの油でも可）
　　… 20g

トッピング
岩塩（またはお好みの塩）、
　　オリーブ油 … 適量
ローズマリー、チーズ … 適宜

準備
・オーブンを200℃に予熱する。
　*作り方4で生地の発酵を待つ間に行う。

・チーズはお好みのものでOK。適宜
　小さく切っておく。

作り方

1 耐熱容器に**水、砂糖**を入れて電子レンジで**30秒**加熱する。

2 **ドライイースト**と**1/2量の強力粉**を加え、イーストのダマが残らないようにスプーンでしっかりと混ぜる。

3 **塩、オリーブ油**を加えて均一に混ぜ、**残りの強力粉**も加え、ひとまとまりになるまで混ぜたら、生地をスプーンの背で平らに広げる。

4 電子レンジで**20秒**加熱して容器にラップをかけたら、暖かい場所で**10分**程度発酵させる。

POINT 時間があれば、ひとまわり大きくなるまで発酵させてください。

5 生地の表面に**オリーブ油**をかけ、生地に**9カ所**程度指で穴をあけたらお好みで**ローズマリー**や**チーズ**をのせ、**岩塩**をふる。

6 予熱したオーブン**200℃**で**15〜20分**焼く。

こねない！

クアトロフォルマッジパン

カリッもちっとした生地にチーズがとろ〜り。
はちみつをたらすとこれまたおいしいピザのようなパンです。

材料 16×20cm耐熱容器 1 台分

パン生地

強力粉 … 200g

薄力粉 … 50g

水 … 180g

砂糖 … 15g

ドライイースト … 4g

塩 … 4g

オリーブ油 … 10g

トッピング

オリーブ油 … 大さじ1

チーズ（お好みのものを4種）
　　… 200g

はちみつ … 適量

準備

・オーブンを**200℃**に予熱する。

＊**作り方5**で生地の発酵を待つ間に行う。

作り方

1 耐熱容器に**水、砂糖**を入れて電子レンジで**30秒**加熱する。

2 **ドライイースト**と**強力粉150g**を加え、イーストのダマが残らないようにスプーンでしっかりと混ぜる。

3 **塩、オリーブ油**を加えて均一に混ぜ、**残りの強力粉**と**薄力粉**も加え、ひとまとまりになるまで混ぜる。

4 電子レンジで**20秒**加熱する。

5 生地をそのままスプーンの背で平らに広げ、容器にラップをかけて暖かい場所で**10分**程度発酵させる。

POINT 時間があれば、ひとまわり大きくなるまで発酵させてください。

6 生地に**オリーブ油**をまわしかけ、全体に指で穴をあけ、**チーズ**をまんべんなくのせる。予熱したオーブン**200℃**で**20〜25分**焼いたら、**はちみつ**をたらす。

▶p.14-15の「こねない！ 基本のパン・プレーン 作り方解説」も参照してください。 37

ツナマヨチーズパン

定番のツナマヨパンもこねずに簡単！
パパッと作ったのに、お店に負けないおいしさです！

WORKING TIME 5 MIN

材料 16×20cm耐熱容器 1 台分

パン生地

強力粉 … 200g
薄力粉 … 50g
水 … 130g
砂糖 … 15g
ドライイースト … 4g
塩 … 3g
卵 … 1個
溶かしバター
（マーガリン可）… 20g

トッピング

ツナ缶 … 1缶（70g）
マヨネーズ … 大さじ4
塩、こしょう … 各適宜
ピザ用チーズ … 適量
パセリ … 適宜

準備

・トッピング用の**ツナ**は油をきって**マヨネーズ**とあえ、お好みで**塩とこしょう**で調味する。

・オーブンを**200℃**に予熱する。
＊作り方5で生地の発酵を待つ間に行う。

作り方

1 耐熱容器に**水**、**砂糖**を入れて電子レンジで**30秒**加熱する。

2 **ドライイースト**と1/2量の強力粉を加え、イーストのダマが残らないようにスプーンでしっかりと混ぜる。

3 **塩**、**卵**、**溶かしバター**を加えて均一に混ぜ、**残りの強力粉**と**薄力粉**も加え、ひとまとまりになるまで混ぜる。

4 電子レンジで**20秒**加熱する。

5 生地をそのままスプーンの背で平らに広げ、容器にラップをかけて暖かい場所で**10分**程度発酵させる。

POINT 時間があれば、ひとまわり大きくなるまで発酵させてください。

6 生地全体に指で穴をあけ、**準備したトッピング用のツナマヨ**と**チーズ**をまんべんなくかける。予熱したオーブン**200℃**で**20〜25分**焼いたら、お好みで刻んだ**パセリ**を散らす。

コーンマヨパン

ほんのり甘い、ふっくらもっちりした生地にコーンマヨネーズを合わせたパン。
子どもから大人までみんな大好きな惣菜パンです。

材料 16×20cm耐熱容器 1 台分

パン生地

強力粉 … 250g

水 … 100g

牛乳 … 80g

砂糖 … 20g

ドライイースト … 4 g

塩 … 3 g

溶かしバター
　（マーガリン可）… 20g

トッピング

コーン缶
　… 1 缶（正味120g）

マヨネーズ … 大さじ 4

砂糖 … 少々

塩、こしょう … 各適宜

パセリ … 適宜

準備

・オーブンを200℃に予熱する。
＊作り方 5 で生地の発酵を待つ間に行う。

作り方

1 耐熱容器に水、牛乳、砂糖を入れて電子レンジで30秒加熱する。

2 ドライイーストと1/2量の強力粉を加え、イーストのダマが残らないようにスプーンでしっかりと混ぜる。

3 塩、溶かしバターを加えて均一に混ぜ、残りの強力粉も加えてひとまとまりになるまで混ぜる。

4 電子レンジで20秒加熱する。

5 生地をそのままスプーンの背で平らに広げ、容器にラップをかけて暖かい場所で10分程度発酵させる。

POINT 時間があれば、ひとまわり大きくなるまで発酵させてください。

6 生地全体に指で穴をあけ、混ぜ合わせたトッピング用の材料（パセリ以外）をまんべんなくかける。予熱したオーブン200℃で20〜25分焼いたら、お好みで刻んだパセリを散らす。

ジャーマンポテト風パン

ほんのり甘い生地とスパイシーなジャーマンポテトが相性抜群！
ほくほくのじゃがいもがクセになるおいしさです。

材料 16×20cm耐熱容器 1 台分

パン生地
強力粉 … 200g
水 … 120g
砂糖 … 15g
ドライイースト … 3g
塩 … 3 g
オリーブ油 … 15g

トッピング
じゃがいも … 2個
ベーコン（ブロック）… 100g
オリーブ油 … 大さじ1
マスタード … 小さじ2
塩、こしょう … 各適量
にんにく（チューブ）… 1cm
パセリ … 適宜

準備

・トッピング用の**じゃがいも**は芽を取り除き、お好みで皮をむいて2〜3mm厚さに切る。**ベーコン**も2〜3mm厚さに切る。

・オーブンを**180℃**に予熱する。
＊作り方**5**で生地の発酵を待つ間に行う。

作り方

1 耐熱容器に**水、砂糖**を入れて電子レンジで**30秒**加熱する。

2 **ドライイースト**と**1/2量の強力粉**を加え、イーストのダマが残らないようにスプーンでしっかりと混ぜる。

3 **塩、オリーブ油**を加えて均一に混ぜ、**残りの強力粉**も加え、ひとまとまりになるまで混ぜる。

4 電子レンジで**20秒**加熱する。

5 生地をそのままスプーンの背で平らに広げ、容器にラップをかけて暖かい場所で**10分**程度発酵させる。

POINT 時間があれば、ひとまわり大きくなるまで発酵させてください。

6 トッピング用のジャーマンポテトを作る。フライパンに**オリーブ油**を熱し、**準備したじゃがいもとベーコン**を炒めたら**マスタード、塩、こしょう、にんにく**をあえる。

7 生地全体に指で穴をあけ、**6**の**ジャーマンポテト**をまんべんなくかける。予熱したオーブン**180℃**で**20〜25分**焼いたら、お好みで刻んだ**パセリ**を散らす。

▶p.14-15の「こねない！ 基本のパン・プレーン 作り方解説」も参照してください。

バナナとくるみパン

WORKING TIME 5 MIN

バナナのやさしい風味にくるみの香ばしさと食感が好相性。
まるでケーキみたいなリッチなパンです。

材料 16×20cm耐熱容器 1 台分

強力粉 … 100g

薄力粉 … 100g

水 … 80g

砂糖 … 35g

ドライイースト … 3g

塩 … 3g

溶かしバター（マーガリン可）
　　… 30g

バナナ … 1 本(正味100g)

卵 … 1 個

くるみ（ロースト）… 50g

準備

・オーブンを180℃に予熱する。
　＊作り方6で生地の発酵を待つ間に行う。

作り方

1 耐熱容器に**水、砂糖**を入れて電子レンジで**20秒**加熱する。

2 **ドライイースト**と**1/2量の強力粉**を加え、イーストのダマが残らないようにスプーンでしっかりと混ぜる。

3 **塩、溶かしバター、バナナ、卵**を加え、バナナをフォークなどで潰して均一に混ぜる。

4 **残りの強力粉**と**薄力粉**も加え、ひとまとまりになるまで混ぜる。

5 電子レンジで**20秒**加熱する。

6 **くるみ**を加え、生地をそのままスプーンの背で平らに広げ、容器にラップをかけて暖かい場所で**10分**程度発酵させる。

POINT 時間があれば、ひとまわり大きくなるまで発酵させてください。

7 予熱した**オーブン180℃**で**20〜25分**焼く。

▶p.14-15の「こねない！ 基本のパン・プレーン 作り方解説」も参照してください。 **43**

シュトーレン

洋酒漬けのフルーツやナッツがたっぷり♪
ほんのりスパイスが香るシュトーレンがこねずに簡単に作れます。

WORKING
TIME
10 MIN

材 料　16×20cm耐熱容器 1 台分

（パン生地）

強力粉 … 100g

薄力粉 … 100g

水 … 100g

砂糖 … 35g

ドライイースト … 3g

塩 … 3g

溶かしバター（マーガリン可）
　　… 40g

卵黄 … 1個分

スパイス（お好みのもの）… 適宜

洋酒漬けドライフルーツや
　　ナッツ … 100g

（マジパン（お好みで））

アーモンドプードル … 30g

粉糖 … 30g

卵白 … 10g

【仕上げ】

バター（マーガリン可）…20g

粉糖…適量

準 備

・お好みでマジパン
　を加える場合は、
　マジパンの材料を
　混ぜておく。

・オーブンを**180℃**に予熱する。
　＊**作り方6**で生地の発酵を待つ間に行う。

作 り 方

1 耐熱容器に**水、砂糖**を入れて電子レンジで**20秒**加熱する。

2 **ドライイースト**と**強力粉**を加え、イーストのダマが残らないようにスプーンでしっかりと混ぜる。

3 **塩、溶かしバター、卵黄、スパイス**を加えて均一に混ぜ、**薄力粉**も加え、ひとまとまりになるまで混ぜる。

4 さらに**ドライフルーツやナッツ**を加えて混ぜる。

5 電子レンジで**20秒**加熱する。

6 生地をそのままスプーンの背で平らに広げ、容器にラップをかけて暖かい場所で**10分**程度発酵させる。

POINT　時間があれば、ひとまわり大きくなるまで発酵させてください。

7 お好みで**準備したマジパン**を生地の上にポトポト落とす。

8 予熱したオーブン**180℃**で**25〜30分**焼いたら、熱いうちに表面にやわらかくした**バター**をぬり、**粉糖**をたっぷりかける。

MEMO
・スパイスはシナモンやナツメグなど、お好みのものを加えてください。洋酒漬けのドライフルーツミックスは100円ショップや製菓材料店で購入できます。
・伝統的なシュトーレンとは異なるので、なるべく早めに食べてください。

▶p.14-15の「こねない！ 基本のパン・プレーン 作り方解説」も参照してください。

花びらハムチーズパン

まるでお花みたいなかわいいパン！
カリッもちっとした食感の生地の中からハムとチーズが顔を出します。

材料 16×20cm耐熱容器 1 台分

パン生地

強力粉 … 200g

水 … 120g

砂糖 … 10g

ドライイースト … 3g

塩 … 3g

溶かしバター（マーガリン可）
　　… 20g

具材

ハム … 4枚

スライスチーズ … 4枚

準備

・オーブンを180℃に予熱する。
　＊作り方7で生地の発酵を待つ間に行う。

作り方

1 耐熱容器に**水、砂糖**を入れて電子レンジで**30秒**加熱する。

2 **ドライイースト**と1/2量の**強力粉**を加え、イーストのダマが残らないようにスプーンでしっかりと混ぜる。

3 **塩、溶かしバター**を加えて均一に混ぜ、**残りの強力粉**も加え、ひとまとまりになるまで混ぜる。

4 電子レンジで**20秒**加熱する。

5 生地をそのままスプーンの背で平らに広げ、**ハム**と**チーズ**を並べる。

6 生地を手前からくるくる巻き、キッチンばさみで6等分に切ったら断面を上にして容器に並べる。

7 容器にラップをかけて暖かい場所で**10分**程度発酵させる。

POINT 時間があれば、ひとまわり大きくなるまで発酵させてください。

8 予熱したオーブン**180℃**で**15〜20分**焼く。

▶p.14-15の「こねない！ 基本のパン・プレーン 作り方解説」も参照してください。

こねない！

シナモンロール

混ぜるだけで驚くほど簡単に作れるパン生地に
シナモンシュガーを巻き込んだふわふわのシナモンロールです。

材料 16×20cm耐熱容器 1 台分

パン生地

強力粉 … 150g

薄力粉 … 50g

水 … 110g

砂糖 … 35g

ドライイースト … 3g

塩 … 3g

溶かしバター（マーガリン可）
　　 … 30g

シナモンシュガー … 適量

バター（マーガリン可）… 20g

アイシング

粉糖 … 大さじ6

水 … 小さじ2

準備

・オーブンを180℃に予熱する。
　＊**作り方7**で生地の発酵を待つ間に行う。

作り方

1 耐熱容器に**水、砂糖**を入れて電子レンジで**30秒**加熱する。

2 **ドライイースト**と**強力粉100g**を加え、イーストのダマが残らないようにスプーンでしっかりと混ぜる。

3 **塩、溶かしバター**を加えて均一に混ぜ、**残りの強力粉と薄力粉**も加え、ひとまとまりになるまで混ぜる。

4 電子レンジで**20秒**加熱する。

5 生地をそのままスプーンの背で平らに広げ、表面にやわらかくした**バター**をぬり、**シナモンシュガー**をふる。

6 生地を手前からくるくる巻き、キッチンばさみで6等分に切ったら断面を上にして容器に並べる。

7 容器にラップをかけて暖かい場所で**10分**程度発酵させる。

POINT 時間があれば、ひとまわり大きくなるまで発酵させてください。

8 予熱したオーブン180℃で**15〜20分**焼いたら、**アイシング用の材料**を混ぜてスプーンなどでかける。

▶p.14-15の「こねない！基本のパン・プレーン 作り方解説」も参照してください。 **49**

オニオンチーズパン

じっくり加熱した甘い玉ねぎとジューシーなベーコン、
ふわもち食感のパンがクセになるおいしさです。

WORKING
TIME
10MIN

材料 16×20cm耐熱容器 1 台分

パン生地

強力粉 … 200g
水 … 70g
牛乳 … 50g
砂糖 … 10g
ドライイースト … 3 g
塩 … 3 g
溶かしバター（マーガリン可）
　　… 20g

具材＆トッピング

玉ねぎ … 1/2個（正味100g程度）
ベーコン … 2枚
塩、こしょう、マヨネーズ
　　… 各適量
ピザ用チーズ … 適量

準備

・玉ねぎは薄切りにする。

・オーブンを200℃に予熱する。
　＊作り方7で生地の発酵を待つ間に行う。

作り方

1 耐熱容器に**水、牛乳、砂糖**を入れて電子レンジで**30秒**加熱する。

2 **ドライイースト**と**1/2量の強力粉**を加え、イーストのダマが残らないようにスプーンでしっかりと混ぜる。

3 **塩、溶かしバター**を加えて均一に混ぜ、**残りの強力粉**も加え、ひとまとまりになるまで混ぜる。

4 電子レンジで**20秒**加熱する。

5 生地をそのままスプーンの背で平らに広げ、**準備した玉ねぎ1/2量とベーコン**を並べ、**塩、こしょう**をふり、**マヨネーズ**をかける。

6 生地を手前からくるくる巻き、キッチンばさみで6等分に切ったら断面を上にして容器に並べる。

7 容器にラップをかけて暖かい場所で**10分**程度発酵させる。

POINT 時間があれば、ひとまわり大きくなるまで発酵させてください。

8 **残りの玉ねぎとチーズ**をのせて予熱したオーブン**200℃で15〜20分**焼く。

▶p.14-15の「こねない！ 基本のパン・プレーン 作り方解説」も参照してください。 51

こねない！不思議パンQ&A

Q 発酵の回数や時間が
ほかのパンのレシピと違うのに、
パンが作れるのはなぜ？

A はじめにイーストの栄養となる砂糖水でしっかりイーストを活性化させ、イーストの発酵を阻害するものを後から加えることで効率よくパンを発酵させます。また、成形前にイースト発酵の適温に電子レンジで温めることで発酵が進みやすくなり、余分な水分も飛ぶので生地が扱いやすくなるという効果もあります。パン作りがはじめての方でも簡単に作ることができるように、必要最小限の工程・道具で焼きたてのパンが楽しめるレシピを開発しました。

Q こねないパンの生地を冷蔵して
翌日焼いたり、
冷凍することはできる？

A 可能です。冷蔵発酵はドライイーストの分量をレシピの半量にして、p.91の「夜こねて朝焼く極上はちみつ食パン」のレシピ工程6を参照ください。また、成形した生地を冷凍する場合は、成形したパンをクッキングシートを敷いたバットにのせ、ラップをかけて冷凍します。しっかり固まったらジッパーつきポリ袋に入れて保存し、室温で1〜2時間解凍してから焼いていただくと食べたいときにいつでも焼きたてパンを楽しむことができます。

Q こねなくても
パンが作れるのはなぜ？

A 生地の水分を少し多めにすることでこねなくてもふわっもちっとした食感が楽しめるような配合にしています。

Q こねないパンの生地を
丸めるのがうまくできません。
水分を減らしてもいい？

A 水分を減らしてしまうとパン生地が乾燥しやすくなります。手に軽く打ち粉をして手早く作業することに慣れていただくと、自然に丸められるようになります。

Q なぜイーストと分量の
1/2量の強力粉を混ぜるの？

A イーストと砂糖水を混ぜるとイーストがダマになりやすいので、強力粉を分量の半量加えて粘りを出すことで、均一に混ざりやすくダマになりにくくなります。

Q 冷めてしまったパンを
おいしく温めるには？

A レンジで軽く温めてから（10〜20秒程度）トーストすると焼きたてのような味わいになります。

PART.2

こねる

不思議パン

パン生地の扱いに慣れてきたら
今度は「こねる→成形」に
チャレンジしてみましょう！
パン屋さんで売っているようなパンが
自宅で手軽に作れるようになりますよ。
生地をこねる作業は
子どもも一緒に楽しめます。

材料 4個分

強力粉 … 150g

水 … 90g

砂糖 … 15g

ドライイースト … 3g

塩 … 3g

油（お好みのもの）… 15g

準備

・天板にクッキングシートを敷く。

・オーブンを180℃に予熱する。
　*作り方7で生地の発酵を待つ間に行う。

作り方

1 耐熱ボウルに**水**、**砂糖**を入れて電子レンジで**20秒**加熱する。

2 **ドライイースト**と**1/2量の強力粉**を加え、イーストのダマが残らないようにスプーンでしっかりと混ぜる。

3 **残りの強力粉**、**塩**、**油**を加え、ひとまとまりになるまで混ぜる。

4 台に出して、手のひらで生地を押しながらこねる。台に生地がつかなくなり、耳たぶくらいのやわらかさになるまでこねたら、ひとまとまりにして耐熱ボウルに戻す。

POINT べたつくようなら強力粉を、パサつくようならぬるま湯を加えて調整します。

5 電子レンジで**20秒**加熱する。

6 生地を4等分して丸める。

7 準備した天板にのせてラップまたはぬれふきんをかけたら、暖かい場所で**10分**程度発酵させる。

POINT 時間があれば、ひとまわり大きくなるまで発酵させてください。

8 予熱したオーブン**180℃**で**10〜15分**焼く。

基本の丸パン

プレーン

「こねない基本のパン」と
材料は同じですが
こねるときにベタつきにくい
配合になっています。
簡単に短時間で作れるうえ、
もっちり食感に
飽きのこない素朴な味わい。
何度でも繰り返し作りたくなる
シンプルなパンです。

▶p.56-57の「こねる基本の丸パン・プレーン 作り方解説」も参照してください。 **55**

こねる 基本の丸パン（プレーン）作り方解説

1
耐熱ボウルに水と砂糖を入れる

電子レンジで20秒加熱

電子レンジで20秒加熱して、人肌程度に温めます。

耐熱ボウルに水と砂糖を入れます。この砂糖水がイーストの栄養になります。

2
イーストと強力粉1/2量を加え混ぜる

ドライイーストと1/2量の強力粉を加え、イーストのダマが残らないようにスプーンでよく混ぜます。イーストをしっかり混ぜ溶かすことで発酵を促進。

5

電子レンジで20秒加熱

電子レンジで20秒加熱して、生地が発酵しやすくなるよう軽く温めます。

6
４等分にして丸める

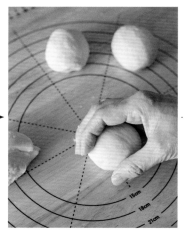

スケッパーなどで生地を４等分し、丸く成形します。上から下へなでるようにして表面をなめらかにすればOK。生地のとじ目は下（きれいな面を上）にします。

＊分割した生地は、乾燥しないようにすぐにラップまたはかたく絞ったぬれふきんをかけておきましょう。

3

残りの強力粉、塩、油を加え混ぜる

全体にぽこぽこと気泡が出てきたら、残りの強力粉、塩、油を加え、よく混ぜる。粉っぽさがなくなって全体がまとまってきたらOK。

4

生地を台に出してこねる

手のひらで押すようにしてこねます。はじめはべとべとして台や手にくっつきますが、こねていくうちに生地がなめらかになり手にも台にもつかなくなっていきます。耳たぶくらいのやわらかさになるまでこねたら、ひとまとまりにして耐熱ボウルに戻します。

＊台に出すのが面倒な場合、ボウルの中でこねてもOKです。

POINT

部屋が乾燥していると生地がパサつくことがあります。生地がかたくパサついているときは、やわらかくなるまで人肌程度の湯を追加します。反対に、生地の水分が多くべたつく場合、生地を台にたたきつけながらこねると水分が飛びます。それでもべたつくときは、強力粉を少量追加してください。

7

天板にのせてラップをかけて10分置く

発酵 — 10 MIN —

クッキングシートを敷いた天板にのせてラップをかけたら、10分程度置いて発酵させます。室内が乾燥しているときは、ラップの上にかたく絞ったぬれふきんをかけるとよいでしょう。日の当たる暖かい場所に置くか、オーブンの発酵機能を使ってもよいでしょう（40℃・10〜20分）。時間があれば、ひとまわり大きくなるまで発酵させてください。

8

— 10〜15 — MIN

オーブン180℃で 10〜15分焼く

予熱したオーブン180℃で10〜15分加熱します。すぐに食べないときは、粗熱が取れたらラップで包み、パンの乾燥を防ぎましょう。また、冷凍すると2週間程度保存できます。

WORKING TIME 5MIN

全粒粉プチパン

食べやすいプチサイズに。
腹持ちがよく、食べごたえがあります。

薄力粉パン

薄力粉のみで作るから
口溶けのよい食感。
ふんわりやさしいパンです。

お花アレンジ

くるみパン

たっぷりの牛乳とバターで
練り上げた
ふんわりした生地の中には
くるみがぎっしり。

全粒粉 プチパン

材料 6個分
強力粉 … 130g
全粒粉 … 20g
水 … 60g
牛乳 … 40g
砂糖 … 15g
ドライイースト … 3g
スキムミルク … 10g
塩 … 3g
バター（マーガリン可）… 20g

準備
・バターは室温に戻す。
・天板にクッキングシートを敷く。
・オーブンを200℃に予熱する。
 ＊作り方 7 で生地の発酵を待つ間に行う。

作り方
1 耐熱ボウルに**水、牛乳、砂糖**を入れ、電子レンジで30秒加熱する。
2 **ドライイースト**と1/2量の**強力粉**を加え、イーストのダマが残らないようにスプーンでしっかりと混ぜる。
3 残りの**強力粉、全粒粉、スキムミルク、塩、バター**を加え、ひとまとまりになるまで混ぜる。
4 台に出して、手のひらで生地を押しながらこねる。台に生地がつかなくなり、バターが生地になじんで見えなくなるまでこねたら、ひとまとまりにして耐熱ボウルに戻す。

> **POINT** べたつくようなら強力粉、パサつくようならぬるま湯を加えて調整します。

5 電子レンジで20秒加熱する。
6 生地を6等分して丸める。
7 準備した天板にのせてラップまたはぬれふきんをかけたら、暖かい場所で**10分**程度発酵させる。

> **POINT** 時間があれば、ひとまわり大きくなるまで発酵させてください。

8 予熱したオーブン200℃で**12〜18分**焼く。

薄力粉パン

材料 4個分
薄力粉 … 150g
水 … 80g
砂糖 … 15g
ドライイースト … 3g
塩 … 3g
油（お好みのもの）… 20g

準備
・天板にクッキングシートを敷く。
・オーブンを200℃に予熱する。
 ＊作り方 7 で生地の発酵を待つ間に行う。

作り方
1 耐熱ボウルに**水、砂糖**を入れ、電子レンジで20秒加熱する。
2 **ドライイースト**と1/2量の**薄力粉**を加え、イーストのダマが残らないようにスプーンでしっかりと混ぜる。
3 残りの**薄力粉、塩、油**を加え、ひとまとまりになるまで混ぜる。
4 台に出して、手のひらで生地を押しながらこねる。台に生地がつかなくなり、耳たぶくらいのやわらかさになるまでこねたら、ひとまとまりにして耐熱ボウルに戻す。

> **POINT** べたつくようなら薄力粉、パサつくようならぬるま湯を加えて調整します。

5 電子レンジで20秒加熱する。
6 生地を4等分して丸める。
 ＊お花アレンジ —— 生地を薄く広げて真ん中に適量のチーズやハムなどをのせ、手前からくるくると巻いたら3等分に切り、断面を上にしてお花状にくっつける。
7 準備した天板にのせてラップまたはぬれふきんをかけたら、暖かい場所で**10分**程度発酵させる。

> **POINT** 時間があれば、ひとまわり大きくなるまで発酵させてください。

8 予熱したオーブン200℃で**10〜15分**焼く。

くるみパン

材料 4個分
強力粉 … 150g
牛乳 … 90g
砂糖 … 20g
ドライイースト … 3g
塩 … 2g
バター（マーガリン可）… 20g
くるみ（ロースト）… 25g

準備
・バターは室温に戻す。
・天板にクッキングシートを敷く。
・オーブンを200℃に予熱する。
 ＊作り方 7 で生地の発酵を待つ間に行う。

作り方
1 耐熱ボウルに**牛乳、砂糖**を入れ、電子レンジで20秒加熱する。
2 **ドライイースト**と1/2量の**強力粉**を加え、イーストのダマが残らないようにスプーンでしっかりと混ぜる。
3 残りの**強力粉、塩、バター**を加え、ひとまとまりになるまで混ぜる。
4 台に出して、手のひらで生地を押しながらこねる。台に生地がつかなくなり、バターが生地になじんで見えなくなるまでこねたら、ひとまとまりにして耐熱ボウルに戻す。

> **POINT** べたつくようなら強力粉、パサつくようならぬるま湯を加えて調整します。

5 電子レンジで20秒加熱する。
6 生地に**くるみ**を混ぜ込んで、4等分して丸める。
7 準備した天板にのせてラップまたはぬれふきんをかけたら、暖かい場所で**10分**程度発酵させる。

> **POINT** 時間があれば、ひとまわり大きくなるまで発酵させてください。

8 お好みで、まわりに4〜6カ所程度キッチンばさみで切り込みを入れ、予熱したオーブン200℃で**10〜15分**焼く。

▶p.56-57の「こねる基本の丸パン・プレーン 作り方解説」も参照してください。 59

こねる

ホットドッグ

ふっくらパリッと焼き上げたコッペパンに
ソーセージをはさんだホットドッグ。
お好みの具材をはさんで。

材料 4個分

強力粉 … 150g

水 … 80g

砂糖 … 10g

ドライイースト … 3g

塩 … 3g

油（お好みのもの）… 20g

ウインナーソーセージ … 4本

バター、トマトケチャップ
　… 各適宜

準備

・天板にクッキングシートを敷く。

・オーブンを200℃に予熱する。
　＊作り方9で生地の発酵を待つ間に行う。

作り方

1　耐熱ボウルに**水、砂糖**を入れ、電子レンジで**20秒**加熱する。

2　**ドライイースト**と**1/2量の強力粉**を加え、イーストのダマが残らないようにスプーンでしっかりと混ぜる。

3　**残りの強力粉、塩、油**を加え、ひとまとまりになるまで混ぜる。

4　台に出して、手のひらで生地を押しながらこねる。台に生地がつかなくなり、耳たぶくらいのやわらかさになるまでこねたら、ひとまとまりにして耐熱ボウルに戻す。

　POINT　べたつくようなら強力粉、パサつくようならぬるま湯を加えて調整します。

5　電子レンジで**20秒**加熱する。

6　生地を4等分して丸めたら、手で直径12cmくらいに押し広げる。

7　手前からひと巻きし、ぎゅっとつまむ。奥からもひと巻きし、境目をつまんでなじませ、しっかりとじる。

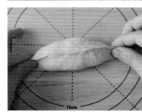

8　生地の両端を折り込みなじませたら、とじ目を下にして置き、軽く転がして形を整える。

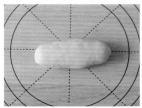

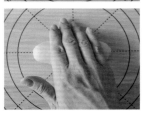

9　準備した天板にのせてラップまたはぬれふきんをかけたら、暖かい場所で**10分**程度発酵させる。

　POINT　時間があれば、ひとまわり大きくなるまで発酵させてください。

10　パン全体に霧吹きで水をかけ、予熱したオーブン**200℃**で**12〜18分**焼く。

　POINT　霧吹きをしたほうが生地がよりパリッと仕上がりますが、なければしなくてもOKです。

11　粗熱が取れたら真ん中に切り込みを入れ、お好みで**バター**をぬり、加熱した**ソーセージ**をはさみ、**トマトケチャップ**をかける。

▶p.56-57の「こねる基本の丸パン・プレーン 作り方解説」も参照してください。

こねる

ミルクフランス

パン屋さんでも人気のミルクフランス。
もっちりとしたパン生地の間には、やさしい甘さのミルククリームがたっぷり。

材料 4個分

パン生地

強力粉 … 160g
薄力粉 … 40g
水 … 120g
砂糖 … 20g
ドライイースト … 4g
塩 … 2g
バター（マーガリン可）… 10g

ミルククリーム

バター（できれば食塩不使用、
　マーガリン可）… 60g
砂糖 … 30g
コンデンスミルク … 30g

準備

・バターは室温に戻す。

・天板にクッキングシートを敷く。

・オーブンを200℃に予熱する。
　＊作り方7で生地の発酵を待つ間に行う。

作り方

1 耐熱ボウルに**水、砂糖**を入れ、電子レンジで**30秒**加熱する。

2 **ドライイーストと強力粉100g**を加え、イーストのダマが残らないようにスプーンでしっかりと混ぜる。

3 **残りの強力粉、薄力粉、塩、バター**を加え、ひとまとまりになるまで混ぜる。

4 台に出して、手のひらで生地を押しながらこねる。台に生地がつかなくなり、バターが生地になじんで見えなくなるまでこねたら、ひとまとまりにして耐熱ボウルに戻す。

POINT べたつくようなら強力粉、パサつくようならぬるま湯を加えて調整します。

5 電子レンジで**20秒**加熱する。

6 生地を4等分して丸めたら、両手で転がすようにして20cm以上の棒状にのばす。

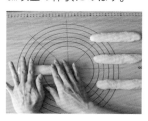

7 準備した天板にのせてラップまたはぬれふきんをかけたら、暖かい場所で**10分**程度発酵させる。

POINT 時間があれば、ひとまわり大きくなるまで発酵させてください。

8 発酵待ちの間にミルククリームを作る。ボウルに**ミルククリームの材料**を入れ、ハンドミキサー（または泡立て器）で混ぜる。

9 予熱したオーブン200℃で10〜15分焼く。

10 粗熱が取れたら真ん中に切り込みを入れ、ミルククリームをはさむ。または絞り袋に入れて絞る。

▶p.56-57の「こねる基本の丸パン・プレーン 作り方解説」も参照してください。

こねる

塩パン

外はさっくり、中はバターが
じゅわっと広がって
リッチなテイスト。
本格的な味わいの塩パンも
不思議パンなら簡単です。

▶p.56-57の「こねる基本の丸パン・プレーン 作り方解説」も参照してください。

材料 4個分

強力粉 … 150g

牛乳（または水） … 80g

砂糖 … 20g

ドライイースト … 3g

塩 … 2g

バター（マーガリン可） … 20g

ぬる用のバター（マーガリン可）

　… 適量

岩塩（または塩） … 少々

準備

・バターは室温に戻す。

・天板にクッキングシートを敷く。

・オーブンを200℃に予熱する。
　＊作り方10で生地の発酵を待つ間に行う。

作り方

1 耐熱ボウルに**牛乳、砂糖**を入れ、電子レンジで**20秒**加熱する。

2 **ドライイースト**と**1/2量の強力粉**を加え、イーストのダマが残らないようにスプーンでしっかりと混ぜる。

3 **残りの強力粉、塩、バター**を加え、ひとまとまりになるまで混ぜる。

4 台に出して、手のひらで生地を押しながらこねる。台に生地がつかなくなり、バターが生地になじんで見えなくなるまでこねたら、ひとまとまりにして耐熱ボウルに戻す。

> POINT　べたつくようなら強力粉、パサつくようならぬるま湯を加えて調整します。

5 電子レンジで**20秒**加熱する。

6 生地を4等分して丸めたら、手で直径10cmくらいに押し広げる。

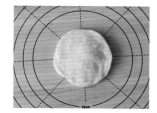

7 生地が三角になるよう、中心に向かって折り込む。

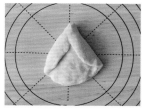

8 手または麺棒でのばしたら、生地全体に**やわらかくしたぬる用のバター**をぬる。

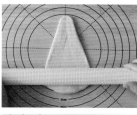

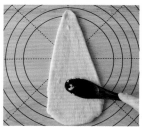

9 手前からくるくる巻いて、巻き終わりを生地になじませ、しっかりとじる。とじ目を下にして、三日月状になるよう両端の生地を少し内側に曲げる。

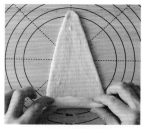

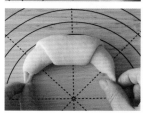

10 準備した天板にのせてラップまたはぬれふきんをかけたら、暖かい場所で**10分**程度発酵させる。

> POINT　時間があれば、ひとまわり大きくなるまで発酵させてください。

11 表面に**岩塩**をふり、予熱したオーブン**200℃**で**15〜20分**焼く。

65

バターロール

WORKING
TIME
10 MIN

シンプルに見えて成形が難しいといわれるバターロールも
不思議パンなら時短で完成。
ふんわりもっちりな定番のお食事パンです。

材料 4個分

強力粉 … 150g

水 … 80g

砂糖 … 18g

ドライイースト … 3g

塩 … 2g

バター（マーガリン可）… 25g

ぬる用のバター、溶かしバター
（マーガリン可）… 各適量

準備

・バターは室温に戻す。

・天板にクッキングシートを敷く。

・オーブンを200℃に予熱する。
＊作り方 9 で生地の発酵を待つ間に行う。

作り方

1 耐熱ボウルに**水、砂糖**を入れ、電子レンジで**20秒**加熱する。

2 **ドライイースト**と**1/2量の強力粉**を加え、イーストのダマが残らないようにスプーンでしっかりと混ぜる。

3 **残りの強力粉、塩、バター**を加え、ひとまとまりになるまで混ぜる。

4 台に出して、手のひらで生地を押しながらこねる。台に生地がつかなくなり、バターが生地になじんで見えなくなるまでこねたら、ひとまとまりにして耐熱ボウルに戻す。

POINT べたつくようなら強力粉、パサつくようならぬるま湯を加えて調整します。

5 電子レンジで**20秒**加熱する。

6 生地を**4等分**して軽く丸めたらしずく状に整え、両手で転がすようにして**24cm**くらいの棒状にのばす。

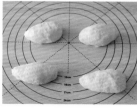

7 手または麺棒で**30cm**くらいの長さのしずく状にのばしたら、生地全体に**やわらかくしたぬる用のバター**をぬる。

8 手前からくるくるとやさしく巻いて巻き終わりを生地になじませしっかりとじ、とじ目を下にする。

9 準備した天板にのせてラップまたはぬれふきんをかけたら、暖かい場所で**10分**程度発酵させる。

POINT 時間があれば、ひとまわり大きくなるまで発酵させてください。

10 予熱したオーブン**200℃**で**10〜15分**焼き、お好みで**溶かしバター**をぬる。

▶p.56-57の「こねる基本の丸パン・プレーン 作り方解説」も参照してください。

こねる

メロンパン

焼き上がりまで30分でできる
メロンパンを作るため、
何度も失敗しながらようやく完成しました。
外はカリッ、中はふんわりの
理想のメロンパンです。

WORKING
TIME
10 MIN

材料 4個分

パン生地

強力粉 … 150g

牛乳 … 90g

砂糖 … 20g

ドライイースト … 3g

塩 … 2g

バター（マーガリン可）… 25g

クッキー生地

バター（マーガリン可）… 25g

溶き卵 … 25g

ホットケーキミックス（または
　薄力粉）… 100g

砂糖 … 20g

グラニュー糖 … 適量

準備

・バターは室温に戻す。

・天板にクッキングシートを敷く。

・オーブンを200℃に予熱する。

＊作り方10で生地の発酵を待つ間に行う。

68

作り方

1　クッキー生地を作る。ポリ袋に**バター**を入れてもみほぐし、**溶き卵**を入れてもむ。**ホットケーキミックス、砂糖**も加えてよくもみ、ひとまとまりになったら生地を袋の端に寄せ、4等分しておく。冷凍庫で冷やす。

2　パン生地を作る。耐熱ボウルに**牛乳、砂糖**を入れ、電子レンジで**20秒**加熱する。

3　**ドライイースト**と**1/2量の強力粉**を加え、イーストのダマが残らないようにスプーンでしっかりと混ぜる。

4　**残りの強力粉、塩、バター**を加え、ひとまとまりになるまで混ぜる。

5　台に出して、手のひらで生地を押しながらこねる。台に生地がつかなくなり、バターが生地になじんで見えなくなるまでこねたら、ひとまとまりにして耐熱ボウルに戻す。

POINT　べたつくようなら強力粉、パサつくようならぬるま湯を加えて調整します。

6　電子レンジで**20秒**加熱したら、生地を4等分して丸める。

7　1のクッキー生地も4等分して丸め、ラップ2枚ではさみ、コップの底などで押して平らにのばす。

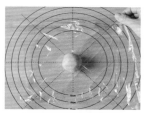

8　6のパン生地のとじ目の部分を持ち、7のクッキー生地の上にのせ（とじ目がクッキー生地と重ならない方向に合わせる）、クッキー生地をかぶせる。

POINT　とじ目をクッキー生地側にしてしまうと、焼いたときにパン生地からはがれてしまうことがあります。

9　**グラニュー糖**を入れたボウルにクッキー生地の表面をつけ、まんべんなくまぶしたら、丸く整える。

10　お好みで表面にカードなどで格子模様をつけ、準備した天板にのせてラップまたはぬれふきんをかけたら、暖かい場所で**10分**程度発酵させる。

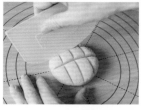

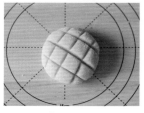

POINT　時間があれば、ひとまわり大きくなるまで発酵させてください。

11　予熱したオーブン**200℃**で**10〜15分**焼く。

▶p.56-57の「こねる基本の丸パン・プレーン 作り方解説」も参照してください。　69

スイートブール

WORKING TIME 10 MIN

カリカリの耳やふわふわのパン生地がおいしいスイートブールも
食べたいときにすぐに作れます。

材料 4個分

パン生地
強力粉 … 150g
牛乳（または水）… 80g
砂糖 … 25g
ドライイースト … 3g
塩 … 2g
バター … 25g

パウンド生地
バター … 40g
溶き卵 … 40g
薄力粉（またはホットケーキミックス）… 40g
砂糖 … 40g

準備

・バターは室温に戻す。

・天板にクッキングシートを敷く（カップを使う場合は不要）。

・オーブンを180℃に予熱する。
＊作り方7で生地の発酵を待つ間に行う。

作り方

1　耐熱ボウルに**牛乳、砂糖**を入れ、電子レンジで**20秒**加熱する。

2　**ドライイースト**と**1/2量の強力粉**を加え、イーストのダマが残らないようにしっかりとスプーンで混ぜる。

3　残りの**強力粉、塩、バター**を加え、ひとまとまりになるまで混ぜる。

4　台に出して、手のひらで生地を押しながらこねる。台に生地がつかなくなり、バターが生地になじんで見えなくなるまでこねたら、ひとまとまりにして耐熱ボウルに戻す。

> **POINT** べたつくようなら強力粉、パサつくようならぬるま湯を加えて調整します。

5　電子レンジで**20秒**加熱する。

6　生地を**4**等分して丸め、マドレーヌカップなどに入れる。

> **POINT** 写真では、生地が広がるのでカップを使用しましたが（直径75mmのマドレーヌカップ）、カップを使わなくても焼けます。

7　準備した天板にのせてラップまたはぬれふきんをかけたら、暖かい場所で**10分**程度発酵させる。

> **POINT** 時間があれば、ひとまわり大きくなるまで発酵させてください。

8　パウンド生地を作る。ジッパーつき袋（またはポリ袋）に**バター**を入れてもみほぐし、**溶き卵**を入れてもむ。**薄力粉（またはホットケーキミックス）、砂糖**も加えてよくもみ、ひとまとまりになったら袋の隅をはさみで切って、発酵が終わった**7**のパン生地の上に絞る。

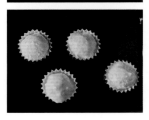

9　予熱したオーブン**180℃**で**15〜20分**焼く。

▶p.56-57の「こねる基本の丸パン・プレーン 作り方解説」も参照してください。 71

こねる

ベーコンエピ

外はパリッ、中はもっちりとした食感の生地にジューシーなベーコンがぴったり。
見た目は華やかですが、意外と簡単に成形できます。

材料 4個分

強力粉 … 160g

薄力粉 … 40g

水 … 100g

砂糖 … 15g

ドライイースト … 3g

塩 … 3g

オリーブ油（サラダ油可）… 15g

ベーコン … 4枚

スライスチーズ … 4枚

マヨネーズ、マスタード … 各適宜

準備

・天板にクッキングシートを敷く。

・オーブンを210℃に予熱する。
＊作り方9で生地の発酵を待つ間に行う。

作り方

1 耐熱ボウルに**水、砂糖**を入れ、電子レンジで**20秒**加熱する。

2 **ドライイースト**と**強力粉100g**を加え、イーストのダマが残らないようにスプーンでしっかりと混ぜる。

3 残りの**強力粉、薄力粉、塩、オリーブ油**を加え、ひとまとまりになるまで混ぜる。

4 台に出して、手のひらで生地を押しながらこねる。台に生地がつかなくなり、耳たぶくらいのやわらかさになるまでこねたら、ひとまとまりにして耐熱ボウルに戻す。

POINT べたつくようなら強力粉、パサつくようならぬるま湯を加えて調整します。

5 電子レンジで**20秒**加熱する。

6 生地を4等分して丸めたら、手または麺棒で縦20cm×横5cmくらいの楕円形にのばし、**ベーコン**と半分に折った**スライスチーズ**をのせ、お好みで**マヨネーズ、マスタード**をかける。

7 くるくると巻いたら、巻き終わりをつまんでなじませ、しっかりとじる。軽く転がして形を整える。

8 準備した天板にとじ目を下にしてのせる。キッチンばさみで深めの切り込みを入れ、生地を左右互い違いにずらしていく。

9 ラップまたはぬれふきんをかけたら、暖かい場所で**10分**程度発酵させる。

POINT 時間があれば、ひとまわり大きくなるまで発酵させてください。

10 パン全体に霧吹きで**水**をかけ、予熱したオーブン**210℃**で**10〜15分**焼く。

POINT 霧吹きをしたほうが生地がよりパリッと仕上がりますが、なければしなくてもOKです。

▶p.56-57の「こねる基本の丸パン・プレーン 作り方解説」も参照してください。

パニーニ

WORKING
TIME
10 MIN

焼きたては、皮はさっくり生地はもっちり、中からチーズがとろ〜り。
具材を変えれば、アレンジも自在です。

材料 6個分

強力粉 … 140g

薄力粉 … 60g

牛乳 … 70g

水 … 50g

砂糖 … 10g

ドライイースト … 3g

塩 … 3g

オリーブ油（サラダ油可）… 20g

ハーフベーコン … 6枚

ピザ用チーズ … 適量

準備

・天板にクッキングシートを敷く。

・オーブンを180℃に予熱する。
　＊焼成の10分くらい前に行う。

作り方

1　耐熱ボウルに**牛乳**、**水**、**砂糖**を入れ、電子レンジで**30秒**加熱する。

2　**ドライイースト**と**強力粉100g**を加え、イーストのダマが残らないようにスプーンでしっかりと混ぜる。

3　残りの**強力粉**、**薄力粉**、**塩**、**オリーブ油**を加え、ひとまとまりになるまで混ぜる。

4　台に出して、手のひらで生地を押しながらこねる。台に生地がつかなくなり、耳たぶくらいのやわらかさになるまでこねたら、ひとまとまりにして耐熱ボウルに戻す。

POINT　べたつくようなら強力粉、パサつくようならぬるま湯を加えて調整します。

5　電子レンジで**20秒**加熱する。

6　生地を6等分して丸めたら、手または麺棒でベーコンのサイズに合わせて長方形にのばし、**ベーコン**と**チーズ**をのせる。

7　上下を折り込み、具材を包むように左右も折りたたんだら、境目をつまんでなじませ、しっかりとじたらとじ目を下にする。

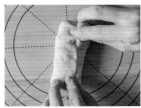

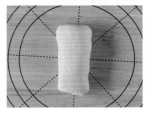

8　準備した天板にのせ、生地の上にクッキングシートをかぶせ、さらに天板を重ねて重しをする。

9　予熱したオーブン**180℃**で**15〜20分**焼く。

MEMO　天板を2枚持っていない場合は、フライパンで焼くこともできます。フライ返しでプレスしながら両面にこんがり焼き目をつければOKです。

▶p.56-57の「こねる基本の丸パン・プレーン 作り方解説」も参照してください。

こねる

カレーパン

まわりはサクサク、
中はジューシーなカレーパンも
簡単にできるのに、
お店に負けない味になりました。
ぜひお好きなカレーで作ってください。

材料 4個分

強力粉 … 150g

水 … 90g

砂糖 … 15g

ドライイースト … 3g

塩 … 3g

オリーブ油（サラダ油可）… 15g

カレー（お好みのもの）
… 200g程度

溶き卵 … 1個分

パン粉、油 … 適量

準備

・耐熱皿にキッチンペーパーを敷き、その上に**カレー**をのせてラップせずに電子レンジで**5〜6分**加熱し、水分を飛ばす。

作り方

1 耐熱ボウルに**水、砂糖**を入れ、電子レンジで**20秒**加熱する。

2 **ドライイースト**と**1/2量の強力粉**を加え、イーストのダマが残らないようにスプーンでしっかりと混ぜる。

3 **残りの強力粉、塩、オリーブ油**を加え、ひとまとまりになるまで混ぜる。

4 台に出して、手のひらで生地を押しながらこねる。台に生地がつかなくなり、耳たぶくらいのやわらかさになるまでこねたら、ひとまとまりにして耐熱ボウルに戻す。

POINT べたつくようなら強力粉、パサつくようならぬるま湯を加えて調整します。

5 電子レンジで**20秒**加熱する。

6 生地を4等分して丸めたら、手または麺棒で薄くのばし、**カレー**を適量のせる。

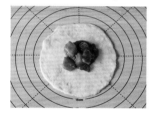

7 カレーを包むように半分に折りたたんだら、端をぎゅっと押してなじませ、とじ目をしっかりとじる。

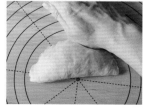

8 **溶き卵**をまんべんなくつけ、**パン粉**をまぶす。

9 **170℃**に熱した**油**でこんがり揚げる。

▶p.56-57の「こねる基本の丸パン・プレーン 作り方解説」も参照してください。

こねる

クリームパン

レンジで簡単にカスタードクリームを作って、ふわもちパンに入れました。
冷やして食べてもおいしいです。

材料 4個分

パン生地

強力粉 … 150g
牛乳（または水） … 80g
砂糖 … 25g
ドライイースト … 3g
塩 … 2g
バター（マーガリン可） … 25g

カスタードクリーム

卵 … 1個
砂糖 … 30g
薄力粉（またはホットケーキ
　　ミックス） … 15g
牛乳 … 100g
バニラエッセンス（あれば） … 10滴

準備

・バターは室温に戻す。

・必要に応じて天板にクッキング
　シートを敷く（マドレーヌカッ
　プを使う場合は不要）。

・オーブンを200℃に予熱する。
　＊作り方10で生地の発酵を待つ間に行う。

作り方

1 カスタードクリームを作る。耐熱ボウルに**卵、砂糖、薄力粉**を入れ、泡立て器で混ぜ合わせたら、少しずつ**牛乳**を加える。電子レンジで**1分30秒**加熱してよく混ぜ、とろみがつくまで**30秒**ずつ追加して加熱する。仕上げに**バニラエッセンス**を加え、さらに混ぜる。

2 パン生地を作る。耐熱ボウルに**牛乳、砂糖**を入れ、電子レンジで**20秒**加熱する。

3 **ドライイースト**と**1/2量の強力粉**を加え、イーストのダマが残らないようにスプーンでしっかりと混ぜる。

4 **残りの強力粉、塩、バター**を加え、ひとまとまりになるまで混ぜる。

5 台に出して、手のひらで生地を押しながらこねる。台に生地がつかなくなり、バターが生地になじんで見えなくなるまでこねたら、ひとまとまりにして耐熱ボウルに戻す。

> **POINT** べたつくようなら強力粉、パサつくようならぬるま湯を加えて調整します。

6 電子レンジで**20秒**加熱する。

7 生地を4等分して丸めたら、手または麺棒で薄くのばし、1のカスタードクリームを適量のせる。

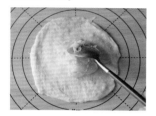

8 クリームを包むようにして、生地の上下の端をつまんで中心でとじ、左右の端も同様につまんでなじませ、とじ目をしっかりとじる。

9 丸く整えたら、とじ目を下にしてお好みでマドレーヌカップなどに入れる。

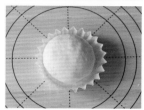

10 準備した天板にのせてラップまたはぬれふきんをかけたら、暖かい場所で**10分**程度発酵させる。

> **POINT** 時間があれば、ひとまわり大きくなるまで発酵させてください。

11 お好みで生地の表面に茶こしで**強力粉（分量外）**をふり、予熱したオーブン**200℃**で**10〜15分**焼く。

▶p.56-57の「こねる基本の丸パン・プレーン 作り方解説」も参照してください。 79

あんぱん

卵入りのリッチなパンに
たっぷりあんこを入れたぜいたくなあんぱんです。

白いりんごパン

ふわふわの白いパンの中には
りんごの甘煮とクリームチーズがたっぷり。

ポテトパン

ポテトとベーコン入りの
ふっくらもっちりパンは、忙しい朝の朝食にも。

WORKING
TIME
10MIN

あんぱん

材料 4個分

強力粉 … 150g

水 … 50g

砂糖 … 25g

ドライイースト … 3g

塩 … 2g

バター（マーガリン可）… 20g

溶き卵 … 30g

あんこ … 適量

溶き卵（つや出し用）… 適量

けしの実（ごま可）… 適宜

準備

・バターは室温に戻す。

・天板にクッキングシートを敷く。

・オーブンを200℃に予熱する。
  ＊作り方8で生地の発酵を待つ間に行う。

作り方

1 耐熱ボウルに水、砂糖を入れ、電子レンジで20秒加熱する。

2 ドライイーストと強力粉50gを加え、イーストのダマが残らないようにスプーンでしっかりと混ぜる。

3 残りの強力粉、塩、バター、溶き卵を加え、ひとまとまりになるまで混ぜる。

4 台に出して、手のひらで生地を押しながらこねる。台に生地がつかなくなり、バターが生地になじんで見えなくなるまでこねたら、ひとまとまりにして耐熱ボウルに戻す。

> POINT　べたつくようなら強力粉、パサつくようならぬるま湯を加えて調整します。

5 電子レンジで20秒加熱する。

6 生地を4等分して丸めたら、手または麺棒で薄くのばし、あんこをのせる。

7 あんこを包むようにして、生地の上下の端をつまんで中心でとじ、左右の端も同様につまんでなじませ、しっかりとじたら丸く整える。

8 準備した天板にとじ目を下にしてのせ、ラップまたはぬれふきんをかけたら、暖かい場所で10分程度発酵させる。

> POINT　時間があれば、ひとまわり大きくなるまで発酵させてください。

9 生地の表面につや出し用の溶き卵をぬり、お好みでけしの実をのせたら、予熱したオーブン200℃で10～15分焼く。

白いりんごパン

材料 4個分

パン生地

強力粉 … 150g

水 … 90g

砂糖 … 25g

ドライイースト … 3g

塩 … 2g

バター（マーガリン可）
  … 20g

りんごの甘煮

りんご … 1/2個

バター（マーガリン可）
  … 10g

砂糖 … 大さじ2

フィリング

クリームチーズ … 40g程度

準備

・パン生地用のバターは室温に戻す。

・天板にクッキングシートを敷く。

・オーブンを150℃に予熱する。
  ＊作り方9で生地の発酵を待つ間に行う。

作り方

1 りんごの甘煮を作る。フライパンにバターを熱して溶かし、さいの目切りにしたりんごと砂糖を加え、全体がしんなりするまで煮詰める。

2 パン生地を作る。耐熱ボウルに水、砂糖を入れ、電子レンジで20秒加熱する。

3 ドライイーストと1/2量の強力粉を加え、イーストのダマが残らないようにスプーンでしっかりと混ぜる。

4 **残りの強力粉、塩、バター**を加え、ひとまとまりになるまで混ぜる。

5 台に出して、手のひらで生地を押しながらこねる。台に生地がつかなくなり、バターが生地になじんで見えなくなるまでこねたら、ひとまとまりにして耐熱ボウルに戻す。

> POINT べたつくようなら強力粉、パサつくようならぬるま湯を加えて調整します。

6 電子レンジで**20秒**加熱する。

7 生地を**4等分**して丸めたら、手または麺棒で薄くのばし、**1**のりんごの甘煮と**クリームチーズ**を適量のせる。

8 具材を包むようにして、生地の上下の端をつまんで中心でとじ、左右の端も同様につまんでなじませ、しっかりとじる。丸く整えたら、カップケーキ型などにとじ目を下にして入れる。

> POINT 写真では、具がもれることもあるので型を使用しましたが（直径89mmのギャザーカップケーキ型）、使わなくても焼けます。

9 準備した天板にのせてラップまたはぬれふきんをかけたら、暖かい場所で**10分**程度発酵させる。

> POINT 時間があれば、ひとまわり大きくなるまで発酵させてください。

10 お好みで生地の表面に茶こしで**強力粉（分量外）**をふり、予熱したオーブン**150℃**で**15〜20分**焼く。

こねる ポテトパン

材料 4個分

パン生地

強力粉 … 150g
水 … 90g
砂糖 … 15g
ドライイースト … 3g
塩 … 2g
バター（マーガリン可） … 20g

ベーコンポテト

じゃがいも … 1個
ベーコン … 2枚
コンソメ … 小さじ2/3
バター（マーガリン可） … 10g
塩、こしょう … 各少々

トッピング

マヨネーズ、チーズ … 各適量
パセリ … 適宜

準備

・パン生地用のバターは室温に戻す。

・天板にクッキングシートを敷く。

・オーブンを**200℃**に予熱する。
　＊作り方**9**で生地の発酵を待つ間に行う。

作り方

1 ベーコンポテトを作る。耐熱皿にさいの目切りにした**じゃがいも**、1cm四方に切った**ベーコン**、**バター**を入れ、ラップをふんわりとかけて電子レンジで**4分30秒**加熱する。熱いうちに**コンソメ**を加えてよく混ぜ、味をみて**塩、こしょう**で調える。

2 パン生地を作る。耐熱ボウルに**水、砂糖**を入れ、電子レンジで**20秒**加熱する。

3 **ドライイースト**と1/2量の**強力粉**を加え、イーストのダマが残らないようにスプーンでしっかりと混ぜる。

4 **残りの強力粉、塩、バター**を加え、ひとまとまりになるまで混ぜる。

5 台に出して、手のひらで生地を押しながらこねる。台に生地がつかなくなり、バターが生地になじんで見えなくなるまでこねたら、ひとまとまりにして耐熱ボウルに戻す。

> POINT べたつくようなら強力粉、パサつくようならぬるま湯を加えて調整します。

6 電子レンジで**20秒**加熱する。

7 生地を**4等分**して丸めたら、手または麺棒で薄くのばし、**1**のベーコンポテトを適量のせる。

8 ベーコンポテトを包むようにして、生地の上下の端をつまんで中心でとじ、左右の端も同様につまんでなじませ、しっかりとじたら丸く整える。

9 準備した天板にとじ目を下にしてのせ、ラップまたはぬれふきんをかけたら、暖かい場所で**10分**程度発酵させる。

> POINT 時間があれば、ひとまわり大きくなるまで発酵させてください。

10 生地の表面にキッチンばさみで十字に切り込みを入れ、切り込みに**マヨネーズ、チーズ**をのせ、予熱したオーブン**200℃**で**10〜15分**焼く。お好みで刻んだ**パセリ**をかける。

▶p.56-57の「こねる基本の丸パン・プレーン 作り方解説」も参照してください。

こねる

きなこツイスト

ふんわり口溶けのよいパンとバター、
きなこの相性が抜群です。
食べると口いっぱいに
きなこが広がります。

材料 6個分

パン生地

強力粉 … 150g

薄力粉 … 30g

きなこ … 20g

牛乳 … 60g

水 … 60g

砂糖 … 20g

ドライイースト … 3g

塩 … 3g

バター（マーガリン可） … 25g

仕上げ

溶かしバター（マーガリン可） … 適量

きなこ … 5g

砂糖 … 小さじ2

塩 … ひとつまみ

・パン生地用のバターは室温に戻す。

・天板にクッキングシートを敷く。

・オーブンを**180℃**に予熱する。
*作り方**8**で生地の発酵を待つ間に行う。

作り方

1 耐熱ボウルに**牛乳、水、砂糖**を入れ、電子レンジで**30秒**加熱する。

2 **ドライイースト**と**強力粉100g**を加え、イーストのダマが残らないようにスプーンでしっかりと混ぜる。

3 **残りの強力粉、薄力粉、きなこ、塩、バター**を加え、ひとまとまりになるまで混ぜる。

4 台に出して、手のひらで生地を押しながらこねる。台に生地がつかなくなり、バターが生地になじんで見えなくなるまでこねたら、ひとまとまりにして耐熱ボウルに戻す。

> **POINT** べたつくようなら強力粉、パサつくようならぬるま湯を加えて調整します。

5 電子レンジで**20秒**加熱する。

6 生地を**6**等分したら、さらにそれぞれを**3**等分する。両手で転がすようにして**20cm**以上の棒状にのばす。

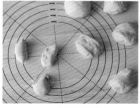

7 **3**本で三つ編みをする。まず片方の先端をくっつけてなじませてから編んでいき、編み終わりも指でつまんでなじませ、とじ目をしっかりとじる。

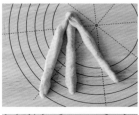

8 準備した天板にのせてラップまたはぬれふきんをかけたら、暖かい場所で**10分**程度発酵させる。

> **POINT** 時間があれば、ひとまわり大きくなるまで発酵させてください。

9 予熱したオーブン**180℃**で**12〜18分**焼く。

10 **溶かしバター**をぬり、**混ぜ合わせたきなこ、砂糖、塩**を全体にまんべんなくかける。

▶p.56-57の「こねる基本の丸パン・プレーン 作り方解説」も参照してください。

ウインナーソーセージパン

バジル香るパン生地とジューシーなソーセージが相性抜群。
湯種生地を練り込んでいるからいつもよりふっくらもっちりと。
ぜひ一度は試してほしい製法です。

材料 6個分

湯種生地

強力粉 … 50g

湯（90℃以上）… 40g

パン生地

強力粉 … 150g

水 … 50g

砂糖 … 18g

ドライイースト … 4g

塩 … 3g

バター（マーガリン可）… 25g

溶き卵 … 30g

バジル（乾燥）… 小さじ1

ウインナーソーセージ … 6本

溶き卵（つや出し用）… 適量

・**バター**は室温に戻す。

・天板にクッキングシートを敷く。

・オーブンを**200℃**に予熱する。
＊**作り方10**で生地の発酵を待つ間に行う。

作り方

1 湯種生地を作る。ボウルに**強力粉と湯**を入れ、ひとまとまりになるまでよく混ぜる。ラップをかけて室温に置く。

2 耐熱ボウルに**水、砂糖**を入れ、電子レンジで**20秒**加熱する。

3 **ドライイースト**と**強力粉50g**を加え、イーストのダマが残らないようにスプーンでしっかりと混ぜる。

4 **残りの強力粉、塩、バター、溶き卵、バジル**を加え、ひとまとまりになるまで混ぜる。

5 台に出して、手のひらで生地を押しながらこねる。台に生地がつかなくなり、バターが生地になじんで見えなくなるまでこねる。

6 **5**の生地に**1**の湯種生地を加え、さらにこねる。生地に弾力が出てなめらかになったら、ひとまとまりにして耐熱ボウルに戻す。

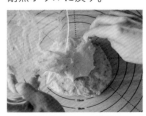

> **POINT** べたつくようなら強力粉、パサつくようならぬるま湯を加えて調整します。

7 電子レンジで**20秒**加熱する。

8 生地を6等分にしたら、手または麺棒で直径12cmくらいに押し広げ、真ん中に**ソーセージ**をのせる。左右に各4本程度、斜めに切り込みを入れ、生地の上部をソーセージにかぶせるようにして左右に折りたたむ。

9 上から順に、左右交互に編んでいき、編み終わりを生地になじませしっかりととじる。

10 準備した天板にのせてラップまたはぬれふきんをかけたら、暖かい場所で**10分**程度発酵させる。

> **POINT** 時間があれば、ひとまわり大きくなるまで発酵させてください。

11 表面に**つや出し用の溶き卵**をぬり予熱したオーブン**200℃で10～15分**焼く。

▶p.56-57の「こねる基本の丸パン・プレーン 作り方解説」も参照してください。

（こねる）

レーズン食パン

WORKING TIME 10 MIN

パウンド型を使ったミニレーズン食パン。
生クリームを練り込んだリッチな生地はしっとりふんわり！

材料 18cmパウンド型1台分

強力粉 … 200g
牛乳 … 60g
生クリーム … 40g
水 … 30g
砂糖 … 35g
ドライイースト … 4g
塩 … 2g
バター（マーガリン可）… 20g
レーズン … 適量

準備

・レーズンは**湯**でさっと洗い流し、湯に**15分**浸けて戻したらキッチンペーパーで水気をきっておく。

・**バター**は室温に戻す。

・パウンド型にクッキングシートを敷く。

・オーブンを**200℃**に予熱する。
＊**作り方6**で生地の発酵を待つ間に行う。

作り方

1 耐熱ボウルに**牛乳**、**生クリーム**、**水**、**砂糖**を入れ、電子レンジで**30秒**加熱する。

2 **ドライイースト**と**1/2量の強力粉**を加え、イーストのダマが残らないようにスプーンでしっかりと混ぜる。

3 **残りの強力粉、塩、バター**を加え、ひとまとまりになるまで混ぜる。

4 台に出して、手のひらで生地を押しながらこねる。台に生地がつかなくなり、バターが生地になじんで見えなくなるまでこねたら、**準備したレーズン**を加えて練り込み、ひとまとまりにして耐熱ボウルに戻す。

POINT べたつくようなら強力粉、パサつくようならぬるま湯を加えて調整します。

5 電子レンジで**20秒**加熱する。

6 生地を**4等分**して丸めたら、準備したパウンド型に入れ、ラップまたはぬれふきんをかけて暖かい場所で**10分**程度発酵させる。

POINT 時間があれば、ひとまわり大きくなるまで発酵させてください。

7 予熱したオーブン**200℃**で**20〜25分**焼く。

▶p.56-57の「こねる基本の丸パン・プレーン 作り方解説」も参照してください。 89

夜こねて朝焼く 極上はちみつ食パン

WORKING TIME 10MIN

不思議パンの作り置き版。夜こねて冷蔵庫でじっくり発酵させておけば、
朝は焼くだけ。焼きたてが食べられます。

材料 18cmパウンド型 1 台分

強力粉 … 200g
牛乳 … 50g
生クリーム … 50g
水 … 20g
砂糖 … 20g
ドライイースト … 2 g
はちみつ … 40g
塩 … 2 g
バター（マーガリン可）… 25g

準備

・バターは室温に戻す。

・パウンド型にクッキングシートを敷く。

作り方

1 耐熱ボウルに**牛乳**、**生クリーム**、**水**、**砂糖**を入れ、電子レンジで**30秒**加熱する。

2 **ドライイースト**と**1/2量の強力粉**を加え、イーストのダマが残らないようにスプーンでしっかりと混ぜる。

3 **残りの強力粉**、**はちみつ**、**塩**、**バター**を加え、ひとまとまりになるまで混ぜる。

4 台に出して、手のひらで生地を押しながらこねる。台に生地がつかなくなり、バターが生地になじんで見えなくなるまでこねたら、ひとまとまりにして耐熱ボウルに戻す。

POINT べたつくようなら強力粉、パサつくようならぬるま湯を加えて調整します。

5 電子レンジで**20秒**加熱する。

6 生地を 4 等分して丸めたら、準備したパウンド型に入れ、ラップをかけて冷蔵庫で発酵させる（**12時間程度**）。

7 予熱したオーブン**200℃**で**20～25分**焼く。

▶p.56-57の「こねる基本の丸パン・プレーン 作り方解説」も参照してください。

クロワッサン

難易度高めのクロワッサンですが、
パン作りに慣れてきたらぜひ挑戦してみてください。
バターは、あれば発酵バターを使用するとよりおいしく仕上がります。

デニッシュ風

生地にたっぷりシュガーバターをぬって
焼いたデニッシュ風のパンです。
お好みでナッツをのせて焼いてもおいしいです。

こねる

クロワッサン

WORKING
TIME
20 MIN

材料 6個分

パン生地

強力粉 … 140g

薄力粉 … 60g

水 … 60g

牛乳 … 50g

砂糖 … 30g

ドライイースト … 10g

溶き卵 … 15g

塩 … 2g

バター（マーガリン可）… 20g

折り込み用

バター（マーガリン可）… 100g

チョコレート … 適宜

仕上げ

溶き卵 … 適量

グラニュー糖 … 適宜

準備

・バターは室温に戻す。

・折り込み用のバター100gをラップ2枚ではさむかポリ袋に入れ、麺棒で12×12cm程度にのばして冷凍庫で冷やす。

・天板にクッキングシートを敷く。

・オーブンを220℃に予熱する。
　＊作り方17で生地の発酵を待つ間に行う。

作り方

1 耐熱ボウルに**水、牛乳、砂糖**を入れ、電子レンジで**30秒**加熱する。

2 **ドライイースト**と**強力粉100g**を加え、イーストのダマが残らないようにスプーンでしっかりと混ぜる。

3 残りの**強力粉、薄力粉、溶き卵、塩、バター**を加え、ひとまとまりになるまで混ぜる。

4 台に出して、手のひらで生地を押しながらこねる。台に生地がつかなくなり、バターが生地になじんで見えなくなるまでこねたら、ひとまとまりにして耐熱ボウルに戻す。

> **POINT** べたつくようなら強力粉、パサつくようならぬるま湯を加えて調整します。

5 電子レンジで**20秒**加熱する。

6 台と麺棒に打ち粉（**強力粉・分量外**）をして、生地を15×15cm程度にのばし、**準備した折り込み用のバター**を生地の中央に斜めにのせる。

7 バターを生地で包み込み、生地をつまんでなじませるようにしてしっかりとじる。

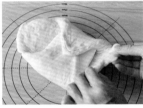

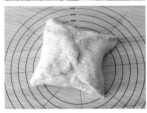

8 生地の表面と麺棒に打ち粉をして、生地を麺棒でこまめに押しながらのばしていく。裏返して同様にのばし、麺棒を転がしながら厚みを均一にする。

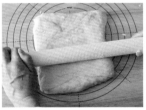

> **POINT** 生地からバターが出てきた場合、バターに打ち粉をかけて押さえてください。

94

9 余分な打ち粉を払い、生地を三つ折りにする。

10 生地を90°回転し、作り方8〜9と同様にして、のばして三つ折りにするのをもう一度繰り返す(計2回)。

11 両面の打ち粉を払い、ラップで包んでポリ袋に入れ、冷凍庫(5分以上冷やす場合は冷蔵庫)で**5分**休ませる。

12 冷凍庫から出して、作り方8〜10を繰り返したら、冷凍庫(または冷蔵庫)で**5分**休ませる。

POINT 「三つ折り×2回→冷凍庫(または冷蔵庫)で5分→三つ折り×2回→冷凍庫(または冷蔵庫)で5分」を行います。

13 台と麺棒に打ち粉をして、きれいな面を下にして生地を置き、縦25×横30cm程度の長方形にのばし、カードなどで余分をカットして四辺を整える。

14 横を3等分したら、それぞれを対角線上に半分に切って6等分する。

15 麺棒で長さ20cm、厚さ4mm程度にのばす。三角形の底辺の中心に2cm程度の切り込みを入れる(チョコレートを入れる場合は、切り込みより上に**チョコレート**をのせる)。

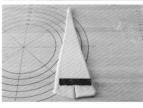

16 切り込みを入れた部分の生地を左右に開き、それを芯にして手前からくるくるとやさしく巻いていき、巻き終わりを生地になじませ、しっかりとじる。

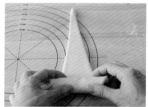

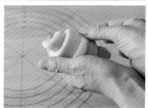

17 準備した天板にとじ目を下にしてのせ、ラップまたはぬれふきんをかけたら、**10分**程度発酵させる(バターが溶けてしまうので28℃以上の場所は避ける)。

POINT 時間があれば、ひとまわり大きくなるまで発酵させてください。

18 表面に仕上げ用の**溶き卵**をぬり、お好みで**グラニュー糖**をかけ、予熱したオーブン**220℃**で**12〜18分**焼く。

MEMO バターが溶けないように手早く作ると、きれいに仕上がります。

▶p.56-57の「こねる基本の丸パン・プレーン 作り方解説」も参照してください。 **95**

デニッシュ風

WORKING TIME 10 MIN

材料 4個分

パン生地

強力粉 … 150g
牛乳 … 100g
砂糖 … 20g
ドライイースト … 3g
塩 … 2g
バター（マーガリン可）… 20g

シュガーバター

バター（マーガリン可）… 20g
砂糖 … 5g

仕上げ

グラニュー糖 … 適宜

準備

・**パン生地**用のバターは室温に戻す。

・天板にクッキングシートを敷く。

・オーブンを**200℃**に予熱する。
　＊作り方8で生地の発酵を待つ間に行う。

作り方

1 耐熱ボウルに**牛乳**、**砂糖**を入れ、電子レンジで**30秒**加熱する。

2 **ドライイースト**と**1/2量の強力粉**を加え、イーストのダマが残らないようにスプーンでしっかりと混ぜる。

3 残りの**強力粉**、**塩**、**バター**を加え、ひとまとまりになるまで混ぜる。

4 台に出して、手のひらで生地を押しながらこねる。台に生地がつかなくなり、バターが生地になじんで見えなくなるまでこねたら、ひとまとまりにして耐熱ボウルに戻す。

POINT べたつくようなら強力粉、パサつくようならぬるま湯を加えて調整します。

5 電子レンジで**20秒**加熱する。

6 生地を4等分したら、両手で転がすようにして細長くのばし、両端を持って数回ねじる。

7 ぐるっとひと巻きして、巻き終わりを生地になじませ、しっかりとじる。

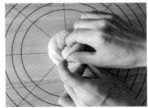

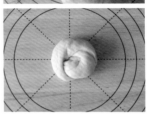

8 準備した天板にのせてラップまたはぬれふきんをかけたら、暖かい場所で**10分**程度発酵させる。

POINT 時間があれば、ひとまわり大きくなるまで発酵させてください。

9 シュガーバターを作る。耐熱皿に**バター**、**砂糖**を入れて、ラップをかけたら電子レンジで**30秒**加熱する。

10 生地の表面にシュガーバターを刷毛などでたっぷりぬり、お好みで**グラニュー糖**をかけ、予熱したオーブン**200℃で10～15分**焼く。

食べ方アレンジ

焼いたパンが余ったら、市販品や冷凍食品などを使って
アレンジしてみてはいかがでしょう。
手間いらずの簡単アイデアをご紹介します。

フルーツ
サンド

タマゴッツォ

（材料）

基本の丸パンプレーン（p.54）
×レンチン卵サラダ

（作り方）

1 レンチン卵サラダを作る。耐熱容器に
卵1個と**牛乳大さじ1**を入れて混ぜ、
電子レンジで**1分30秒**加熱したら、か
き混ぜて**マヨネーズ大さじ2**と**塩、こ
しょう各少々**であえる。

2 「基本の丸パンプレーン」の真ん中に切
り込みを入れ、1をはさむ。

（材料）

夜こねて朝焼く極上はちみつ食パン（p.90）
×フルーツ×市販のホイップクリーム

（作り方）

カットした**食パン**に**クリーム**をぬり、お好みの
フルーツをのせ、さらにクリームをぬったら、
もう1枚の食パンではさむ。

焼きそば
パン

ミニ
ハンバーガー

材料
ホットドッグのコッペパン（p.60）
×冷凍食品のお弁当用焼きそば

作り方
「ホットドッグのコッペパン」の真ん中に切り込みを入れ、お好みでバターをぬったら、解凍した焼きそばをはさむ。

材料
基本の丸パンプレーン（p.54）
×冷凍食品のお弁当用ミニハンバーグ

作り方
「基本の丸パンプレーン」を半分に切り、お好みでバターをぬったら、解凍したハンバーグ、スライスチーズ、レタスをはさむ。

PART.3
不思議パンの生地で
いろいろレシピ

ランチにも大活躍のピザや
カレーのおともにぴったりなナンも
不思議パンなら驚くほど簡単に
作ることができます。
全レシピ制覇したあなたは
もうおうちパン職人！

ピザ

不思議パンの生地で簡単、時短に作れるピザ。
思い立ったらすぐに作れる手軽さなので、
ランチや急な来客時にも大活躍します。

材料 1枚分

強力粉 … 150g
牛乳(または水) … 80g
砂糖 … 15g
ドライイースト … 3g
塩 … 2g
バター(オリーブ油などでも可)
　　 … 20g
ピザソース、
　モッツァレラチーズ、
　バジル … 各適量

準備

・バターは室温に戻す。

・天板にクッキングシートを敷く。

・オーブンを220℃に予熱する。
　＊焼成の10分くらい前に行う。

作り方

1　耐熱ボウルに**牛乳**、**砂糖**を
　入れ、電子レンジで**20秒**加
　熱する。

2　**ドライイースト**と**1/2量の強
　力粉**を加え、イーストのダ
　マが残らないようにスプー
　ンでしっかりと混ぜる。

3　**残りの強力粉**、**塩**、**バター**
　を加え、ひとまとまりにな
　るまで混ぜる。

4　台に出して、手のひらで生
　地を押しながらこねる。台
　に生地がつかなくなり、バ
　ターが生地になじんで見え
　なくなるまでこねたら、ひ
　とまとまりにして耐熱ボウ
　ルに戻す。

　POINT べたつくようなら強力粉、
　パサつくようならぬるま
　湯を加えて調整します。

5　電子レンジで**20秒**加熱する。

6　生地を直径20cmくらいの円
　形にのばす。手のひらで押
　すようにして広げ、ふちは
　1cm程度厚めに残す。ふち
　の内側全体にフォークで穴
　をあける。

7　**ピザソース**をぬり、**モッツ
　ァレラチーズ**をのせる。

　POINT お好みのトッピングをの
　せてください。

8　準備した天板にのせて予熱
　したオーブン220℃で**10～
　15分**焼く。お好みで**バジル**
　をのせる。

チーズナン

表面パリッ、中はもっちり、チーズはとろ〜り。
カレーと相性抜群のチーズナンは、フライパンで簡単に焼けます。

WORKING
TIME
15 MIN

材料 1枚分

強力粉 … 100g

薄力粉 … 50g

水 … 80g

砂糖 … 15g

ドライイースト … 3g

塩 … 3g

オリーブ油(サラダ油可) … 15g

ピザ用チーズ … 適量

サラダ油 … 適量

作り方

1 耐熱ボウルに**水**、**砂糖**を入れ、電子レンジで**20秒**加熱する。

2 **ドライイースト**と**1/2量の強力粉**を加え、イーストのダマが残らないようにスプーンでしっかりと混ぜる。

3 **残りの強力粉、薄力粉、塩、オリーブ油**を加え、ひとまとまりになるまで混ぜる。

4 台に出して、手のひらで生地を押しながらこねる。台に生地がつかなくなり、耳たぶくらいのやわらかさになるまでこねたら、ひとまとまりにして耐熱ボウルに戻す。

POINT べたつくようなら強力粉、パサつくようならぬるま湯を加えて調整します。

5 電子レンジで**20秒**加熱する。

6 生地を手で直径20cmくらいに押し広げ、真ん中に**チーズ**をのせる。

7 チーズを包むようにして、生地の上下の端をつまんで中心でとじ、左右の端も同様につまんでなじませ、しっかりとじる。

8 生地のとじ目を下にして置き、薄く円形にのばす。

9 フライパンに**サラダ油**を薄くひいて**8**を入れ、ふたをして弱火で**5分**程度焼く。焼き目がついたら上下を返して、ふたをしてさらに**5分程度**焼く。

ベーグル

不思議パンの生地でベーグルを作ってみたら、
びっくりするくらい簡単でおいしいベーグルができました！

WORKING
TIME
15 MIN

材料 4個分

強力粉 … 150g

水 … 90g

砂糖 … 20g

ドライイースト … 3g

塩 … 3g

サラダ油 … 5g

準備

・12cm×12cmにカットしたクッキングシートを4枚用意する。

・天板にクッキングシートを敷く。

・オーブンを210℃に予熱する。
 ＊作り方8で生地の発酵を待つ間に行う。

作り方

1 耐熱ボウルに**水、砂糖**を入れ、電子レンジで**20秒**加熱する。

2 **ドライイースト**と**1/2量の強力粉**を加え、イーストのダマが残らないようにスプーンでしっかりと混ぜる。

3 **残りの強力粉、塩、サラダ油**を加え、ひとまとまりになるまで混ぜる。

4 台に出して、手のひらで生地を押しながらこねる。台に生地がつかなくなり、耳たぶくらいのやわらかさになるまでこねたら、ひとまとまりにして耐熱ボウルに戻す。

> POINT べたつくようなら強力粉、パサつくようならぬるま湯を加えて調整します。

5 電子レンジで**20秒**加熱する。

6 生地を4等分して軽く丸めたら、手または麺棒で薄く長方形にのばす。手前からくるくる巻いていき、巻き終わりを生地になじませてしっかりとじたら、とじ目を上にして置き、生地の右端を平らにのばす。

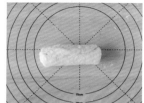

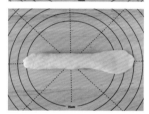

7 とじ目が内側にくるようにして輪にしたら、平らにのばした生地でもう一方の端を包み、境目をなじませてしっかりとじる。用意した12cm四方のクッキングシートの上にのせる。

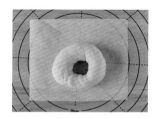

> POINT 生地がふくらんだとき穴がふさがらないよう、穴は大きめに成形します。

8 ラップまたはぬれふきんをかけたら、暖かい場所で**10分**程度発酵させる。

> POINT 時間があれば、ひとまわり大きくなるまで発酵させてください。

9 鍋に**湯**を**80℃**前後に沸かし、湯**1ℓ**に対して、**はちみつまたは砂糖大さじ1**程度（分量外）を入れる。**8**を湯がはねないようにそっと入れ、クッキングシートをはずし、**片面30秒**ずつゆでる。

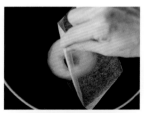

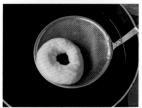

> POINT 湯にはちみつや砂糖を入れることで、表面がコーティングされてひび割れを防ぎ、ベーグル特有のつやが出ます。

10 準備した天板にのせて予熱したオーブン**210℃**で**15〜20分**焼く。

ドーナツ

不思議パンの生地ならドーナツもよりおいしく、より簡単に。
イーストで発酵させるからふっくらもっちり仕上がります。

材料 4個分

（生地）

強力粉 … 150g
牛乳 … 90g
砂糖 … 25g
ドライイースト … 3g
塩 … 2g
バター（マーガリン可）… 20g
油 … 適量

（アイシング）

粉糖 … 大さじ5
水 … 大さじ1

準備

・バターは室温に戻す。

・12cm×12cmにカットしたクッキングシートを4枚用意する。

作り方

1 耐熱ボウルに**牛乳、砂糖**を入れ、電子レンジで**20秒**加熱する。

2 **ドライイースト**と1/2量の**強力粉**を加え、イーストのダマが残らないようにスプーンでしっかりと混ぜる。

3 **残りの強力粉、塩、バター**を加え、ひとまとまりになるまで混ぜる。

4 台に出して、手のひらで生地を押しながらこねる。台に生地がつかなくなり、バターが生地になじんで見えなくなるまでこねたら、ひとまとまりにして耐熱ボウルに戻す。

> **POINT** べたつくようなら強力粉、パサつくようならぬるま湯を加えて調整します。

5 電子レンジで**20秒**加熱する。

6 生地を4等分して軽く丸めたら中心部に指で穴をあける。

7 穴に両手の人さし指を入れて、指を軸に生地を回転させて直径8cm程度の輪にする。用意した12cm四方のクッキングシートの上にのせる。

8 ラップまたはぬれふきんをかけたら、暖かい場所で**10分**程度発酵させる。

> **POINT** 時間があれば、ひとまわり大きくなるまで発酵させてください。

9 **170℃**に熱した**油**に、**8**を油がはねないようにそっと入れ、クッキングシートをはずし、**片面3〜4分**ずつこんがり揚げたら、**アイシング用の材料**を混ぜてかける。

マリトッツォ

卵とバターをたっぷり練り込んだブリオッシュ生地で
クリームをたっぷりはさんだマリトッツォ。とろけるおいしさです。

WORKING TIME 15 MIN

材料 6個分

（ブリオッシュ生地）

強力粉 … 160g

薄力粉 … 40g

牛乳 … 50g

水 … 50g

砂糖 … 25g

ドライイースト … 3g

塩 … 3g

バター（マーガリン可）… 30g

溶き卵 … 30g

溶き卵（つや出し用）… 適量

（クリーム）

生クリーム … 200㎖

コンデンスミルク … 10g

砂糖 … 15g

準備

・バターは室温に戻す。

・天板にクッキングシートを敷く。

・オーブンを180℃に予熱する。
　＊作り方7で生地の発酵を待つ間に行う。

作り方

1 耐熱ボウルに**牛乳、水、砂糖**を入れ、電子レンジで**30秒**加熱する。

2 **ドライイースト**と**強力粉100g**を加え、イーストのダマが残らないようにスプーンでしっかりと混ぜる。

3 残りの**強力粉、薄力粉、塩、バター、溶き卵**を加え、ひとまとまりになるまで混ぜる。

4 台に出して、手のひらで生地を押しながらこねる。台に生地がつかなくなり、バターが生地になじんで見えなくなるまでこねたら、ひとまとまりにして耐熱ボウルに戻す。

> **POINT** べたつくようなら強力粉、パサつくようならぬるま湯を加えて調整します。

5 電子レンジで**20秒**加熱する。

6 生地を6等分して丸める。

7 準備した天板にのせてラップまたはぬれふきんをかけたら、暖かい場所で**10分**程度発酵させる。

> **POINT** 時間があれば、ひとまわり大きくなるまで発酵させてください。

8 生地の表面に**つや出し用の溶き卵**をぬり、予熱したオーブン**180℃**で**10〜15分**焼く。

9 ボウルに**クリームの材料**を入れ、ボウルの底を氷水に当てながらツノがピンと立つまで泡立てる。

10 完全に冷めたブリオッシュに切り込みを入れてクリームをたっぷりはさむ。

ポンデパン

丸くてかわいいあの人気ドーナツ風のパン。白玉粉を練り込んでいるから
もっちもち。甘さ控えめなのでアイシングやきなこなどをトッピングしても。

WORKING
TIME
10 MIN

材料 6個分

強力粉 … 130g
白玉粉 … 50g
水 … 110g
砂糖 … 30g
ドライイースト … 3g
塩 … 3g
サラダ油 … 30g
粉糖、きなこ … 各適宜

準備

・天板にクッキングシートを敷く。

・オーブンを200℃に予熱する。
＊作り方 7 で生地の発酵を待つ間に行う。

作り方

1 耐熱ボウルに**水**、**砂糖**を入れ、電子レンジで**30秒加熱**する。

2 **ドライイースト**、**強力粉30g**、**白玉粉**を加え、ダマが残らないようにスプーンでしっかり混ぜる。

3 **残りの強力粉**、**塩**、**サラダ油**を加え、ひとまとまりになるまで混ぜる。

4 台に出して、手のひらで生地を押しながらこねる。台に生地がつかなくなり、耳たぶくらいのやわらかさになるまでこねたら、ひとまとまりにして耐熱ボウルに戻す。

> **POINT** べたつくようなら強力粉、パサつくようならサラダ油を加えて調整します。

5 電子レンジで**20秒加熱**する。

6 生地を小さくちぎって手のひらで転がして丸め、数個をくっつけて輪にする。

7 準備した天板にのせてラップまたはぬれふきんをかけたら、暖かい場所で**10分**程度発酵させる。

> **POINT** 時間があれば、ひとまわり大きくなるまで発酵させてください。

8 予熱したオーブン**200℃**で**10〜15分**焼く。お好みで**アイシング**（p.107「ドーナツ」の材料参照）や**きなこ**をかける。

制作スタッフ

撮影　　　　　中垣美沙
スタイリング　ダンノマリコ
デザイン　　　太田玄絵
編集長　　　　山口康夫
編集　　　　　見上 愛

作業5分で不思議パン

2024年 5月 21日 初版第1刷発行
2024年 8月 28日 初版第4刷発行

著　者　　　青木ゆかり（♪♪maron♪♪）
監　修　　　クックパッド株式会社（cookpad.com）

発行人　　　諸田泰明
発　行　　　株式会社エムディエヌコーポレーション
　　　　　　〒101-0051　東京都千代田区神田神保町一丁目105番地
　　　　　　https://books.MdN.co.jp/
発　売　　　株式会社インプレス
　　　　　　〒101-0051　東京都千代田区神田神保町一丁目105番地
印刷・製本　TOPPANクロレ株式会社

【カスタマーセンター】
造本には万全を期しておりますが、万一、落丁・乱丁などがございましたら、送料小社負
担にてお取り替えいたします。お手数ですが、カスタマーセンターまでご返送ください。

◎落丁・乱丁本などのご返送先
〒101-0051　東京都千代田区神田神保町一丁目105番地
株式会社エムディエヌコーポレーション カスタマーセンター
TEL：03-4334-2915

◎内容に関するお問い合わせ先
info@MdN.co.jp

◎書店・販売店のご注文受付
株式会社インプレス　受注センター
TEL：048-449-8040／FAX：048-449-8041

ISBN 978-4-295-20664-4
C2077